第3版

公民館における災害対策

ハンドブック

Handbook of
Disaster Management

全国公民館連合会 編著

第一法規

はじめに

　日本の全国各地では、毎年のように多くの自然災害がおこっており、どこでも災害がおこる可能性があります。そのようななか、多くの市区町村においては公民館が避難所として位置づけられており、公民館に避難した被災者の様子をテレビ報道などでもよく見るようになりました。

　しかし、そのような報道では、公民館が災害にあたってどのような対応をし、どのようなことが被災者の助けになったかなど、実際の具体的な取り組みの様子はなかなか伝わってきません。

　いざというときに備え、公民館は住民が安心して生活が送れるよう、公民館の避難所としての機能を高める必要があります。そこで全国公民館連合会では2005年度に災害における公民館の役割やノウハウなどについての調査研究をおこないました。そこでは周辺で地震、津波、風水害、噴火等の被害に遭われ、実際に避難所となった公民館の職員に、さまざまな経験や知見の聞き取りをおこない、その貴重な体験を生かしたいと考えました。

　また一方で、防災関係の専門家や、関係省庁の職員などにもご協力いただき、災害時の公民館の適切な対応等について協議しました。事前に準備すべき事項、実際の避難所運営において必要なポイント、普段の活動のあり方などについて議論いただき、あわせて防災についての先進的な取り組み、さらに国の法令や通知を集め、そして専門家の意見などもご寄稿いただきました。

　これらの成果をもとに、広く利用可能な資料を作成しました。この調査研究が、全国の公民館における災害対策に寄与することを願っております。

　おわりに、本書作成にあたり、ご協力くださった皆様に厚くお礼申し上げます。

2022年12月

公益社団法人　全国公民館連合会

会長　中西　彰

目　次

第3部　事　例

第4部　各種参考様式

第5部　資　料

装丁：篠　隆二

イラスト：奥崎たびと

利用上の注意

1．本書は、**公民館を活用した防災学習の実践事例や公民館における避難所運営の具体的**なノウハウについて、わかりやすくまとめたものです。

2．本書は、**大地震が発生した際の対応を基本にしています**。ほかにもさまざまな災害が想定され、災害により対応が異なる部分もありますが、共通する部分も多いものです。他の災害の留意事項については、別に記述しました。

3．災害発生直後に本書を初めて手にされた方は、p.17の「災害直後の処置」からご覧ください。これから実施すべき業務の全体像が把握できます。また、p.130には避難所開設にあたってのチェックリストがありますので、ご活用ください。

4．公民館は、それぞれ運営形態、施設・設備状況、建物規模、職員配置などが異なりますので、**本書がすべての事態に対応できるものではありません。本書を参考に、それぞ**れの公民館の状況に応じた独自のマニュアルをつくってください。

5．**所管の市区町村等ですでに作成された避難所マニュアル等がある場合、または災害対策本部から指示がある場合は、そちらに従ってください**。

6．公共施設の最終責任は市区町村の設置者にありますので、行政担当職員の指示に従って、管理運営に努めてください。

7．避難所設置時に公民館に派遣される行政担当職員は、公民館に精通していなかったり、近隣の住民のことをよく把握できていないこともあります。公民館職員は、行政担当職員とうまく連携して、避難所の円滑な運営を行ってください。

8．新型コロナウイルス感染症対策の取り扱いについては、内閣府（防災担当）や全国公民館連合会のホームページに掲載されているガイドラインをご参照ください。なお、内容は定期的にチェックするようにしてください。

9．災害による被害の軽減のためには、各種災害の性格とその危険性を知り、災害時にとるべき行動を身につけるとともに、日ごろの備えを万全とする防災学習の推進が重要です。公民館においては、積極的に防災学習に取り組んでください。

10．なお、本書の公民館は、市区町村立の公民館を想定しており、いわゆる自治公民館は想定しておりません。

本書で使用される用語

公民館職員【こうみんかんしょくいん】

日常、その公民館（施設）を管理・運営している職員。

行政担当者【ぎょうせいたんとうしゃ】

避難所に参集する市区町村職員。

避難者【ひなんしゃ】

施設（公民館）に避難してきた方々。地域住民の方々ばかりでなく、通勤通学者、旅行者、買い物客などが帰宅困難者として避難することがあります。

被災者【ひさいしゃ】

公民館に避難した方々ばかりでなく、被災した地域全体の方々。在宅の被災者のことを「在宅被災者」と区別することもあります。

要援護者【ようえんごしゃ】

高齢者、乳幼児、障がい者、妊産婦、外国人など、災害がおこったときに情報の把握や避難、生活の確保などを自分一人で行うことが困難な方々。「災害要援護者」「災害時要援護者」「災害弱者」などと呼ぶこともあります。

要援護者を守るために、家族はもちろん地域全体で支援していくことが必要です。地域によっては要援護者の登録制度などの対策をとっているところもあります。また、介護を必要とする被災者のために設置される「要介護者用避難所」もあります。自治体によって名称が異なり、「二次避難所」「福祉避難所」と名づけられているところもあります。

災害対策本部【さいがいたいさくほんぶ】

災害時に市区町村長を指揮者として市区町村役場等に設置され、地域の災害対応全般にあたる組織で、行政担当者を介して避難所の設備や物資、情報など必要なものすべてについて、後方から支援にあたります。

避難所【ひなんじょ】

公民館や学校などで、災害時に自宅等での生活が困難な方々を一時的に収容、保護する場所として市区町村が指定した建物。それに対して避難場所（避難地）とは、学校の校庭や公園、緑地などで、災害時に自宅等が危険な場合に、一時的に避難する場所として市区町村が指定している公共空地等をいいます。

避難所運営委員会【ひなんじょうんえいいいんかい】

避難所の運営を自主的に協議し、決定するために、避難者の代表者、公民館職員、行政担当者などで構成する運営機関。(☞p. 27)

居住組【きょじゅうぐみ】

避難所の部屋単位などで編成された避難者の便宜上の組み分け組織。避難所運営委員会からの連絡や運営への当番参加などは居住組ごとに行います。(☞p. 33)

第1部

日常の防災活動

I. 公民館を活用した防災学習

　公民館が他の施設と決定的に異なる特徴は、地域住民に対して、日常の防災意識を高めるための防災学習が実施できる点です。大きな自然災害がくり返し発生している今、地域住民への防災学習は緊急の必要課題であり、その学習機会の提供は、公民館に課せられた重要な役割です。

　そして真の減災・防災社会実現のためには、行政による公助のみならず、個々人の自覚に根ざした自助、さらには地域における共助の取り組みが不可欠です。その前提となるのは、一人ひとりの「防災意識」であり、地域の「防災力」です。

　阪神・淡路大震災や東日本大震災などの災害時に、地域のつながりが強かったところは、人々の大きな力になったといわれています。

　日常の公民館活動を通して、「地域づくり」「人づくり」を心がけることは、地域の防災力を高めることにつながります。

1. 防災に関する講座

　災害にかかわる防災講座は、積極的に開催するようにしましょう。さらに、子どもから高齢者までのあらゆる年齢層を対象に、災害が発生したことを想定した学習プログラムを作成する必要があります。

(1)　防災講座

　講座では、災害に対する心構え、防災にかかわる知識・技術の習得、災害を乗り越えるための態度の育成、災害に対する意識の高揚などが図れるように工夫しましょう。

　意識の低下を防ぐためにも、年度ごとに、なるべく単発ではなく連続講座を実施することが大切です。

　また、平素の公民館活動のなかで、地域住民、自主防災組織、ボランティアとの協力・協働関係を築くように配慮します。具体的な防災に関する講座としては、次のようなテーマが考えられます。

【テーマ例】

- 災害と防災
- 防災と暮らし
- 地域の災害史
- 災害のメカニズム
- 地震災害の基礎知識
- 災害における心構え
- 救命救助実習
- 災害における健康管理と心のケア
- 災害を防ぐまちづくり
- 災害と住宅の安全性
- 災害対策と日曜大工
- 災害時におけるボランティア入門
- 地域防災マップの作成
- 災害時に役立つ知恵
- 避難生活体験
- みんなで守ろう　命、まち、暮らし
- 感じて地震・考えて防災
- 地域防災力アップ講座
- 自主防災組織で築く地域の安心
- 地域の防災力を高める「人と防災ネットワーク」
- 僕たち私たちが地域を守る
- 大地震サバイバル術
- 避難所におけるコロナ対応
- 地域で取り組む地震防災
- 近年の災害から減災の方策を探る
- 災害を語り継ごう

体験談　まずは、名簿づくりを

　東日本大震災がおこって、公民館が避難所になったとき、まずは避難者の名簿をつくろうと思いました。きっといろいろな人が入ってきて、後からつくっても混乱するから、住所と名前だけでもいいから名簿をつくろうということで、私の小学校時代からの後輩と協力して、家にあるメモ帳で、地震当日の夜に、名簿をその場でつくりました。

　避難所はいろいろな人が出入りするんです。貴重品を狙った危険人物もいます。そういう「荒らし」のような者が、夜中に落ちついてからなかに入ってきましたが、名簿があったおかげで、そのような者たちを締め出すことができました。

　また、問い合わせが来たときも、これがあったおかげでとても助かりました。

（大船渡市、東日本大震災における公民館職員の体験談）

⑵ 災害図上訓練DIG（ディグ）

　Disaster（災害）、Imagination（想像力）、Game（ゲーム）の頭文字をとって命名されました。DIGという単語は「掘る」という意味を持つ英語の動詞でもあり、転じて、「探求する、理解する」といった意味も持っています。このことから、DIGという言葉には、「災害を理解する」「まちを探求する」「防災意識を掘り起こす」という意味も込められています。

　参加者が大きな地図を囲み、みんなで書き込みを加えながら、ワイワイと楽しく議論をして、地域におこるかもしれない災害を、より具体的なものとしてとらえることができます。効果として、

- 「災害を知る」「まちを知る」「人を知る」ことができる。
- ワークショップを通じて、参加者同士の距離がいつの間にか近づき、まちづくりをするうえで最も大切な人と人の関係がはぐくまれていく。

【具体例】

- まちを知る

　「自然条件」「まちの構造」「対策に必要なものはどこにあるのか」など、地図に具体的な要素を書き込んでいくにつれて、自然と地域を見直し、自分の住むまちを理解できるようになってきます。

- 人を知る

　「いざというときに頼りになる人」「近所に手助けが必要な人はいないか？」などの情報を地図に書き込んでいきます。

 すぐに運営組織をつくった

　東日本大震災がおこった次の12日の夜、全員朝礼を実施したんですが、中心になるような人はほとんどいませんでした。それで公民館にいたメンバーのなかから、リーダーをやってくれそうな人をピックアップしました。

　これは長引くから、衛生担当や、食料担当、野外設備担当、水回り関係、それから部屋の世話役など7人を選んで、「これから秩序を保たなければならない、そのためには組織をつくらなければならない、申しわけないけどもリーダーをしてくれ」と頼みました。そして、これだけの人数では足りないから、あなたの言うことなら聞いて協力してくれる人を自分で5人選んでほしいと言いました。

　そのときに、ただ頼んだだけではうまくいかないと思って、13日の朝すぐ避難している人全員を集めて、この人たちにリーダーをしてもらうということを紹介しました。そういうのが良かったかなと思います。そのあとに、それぞれのリーダーに腕章を付けてもらうようにしました。腕章を付けると、責任意識が出てきて、それも良かったです。

（大船渡市、東日本大震災における公民館職員の体験談）

⑶　避難所運営ワークショップ

避難所とはいったいどんなところなのか、避難所はいったいどういう運営をするのか、事前にイメージしトレーニングしてもらうのが、避難所運営ワークショップです。

避難所運営をテーマとして、避難所内においておこりうる問題点を課題として提示し、その場での解決方法を議論するという方式です。

このように日常とは違う施設の利用方法や、具体的な避難所運営等についての認識を、地域住民と共有することが大切です。地域住民の防災意識向上を図るためにも、自主防災組織、自治会等を中心として、避難所運営ワークショップを開催してみましょう。ワークショップはできるだけ小さな地域単位（町・丁目や学区）を対象として開催することが効果的です。

このワークショップでは、さまざまな疑問に答えられるよう、また適切な指導ができるように、防災に関する専門家をコーディネーターとして配置することが必要です。

体験談　地域の持つ力

大地震が発生してまもなく、市民は避難所として指定されている小・中学校に避難したり、町内の空き地や駐車場に開設した自主的な避難所に入ったりしました。

私も市職員として、地震発生の夜から各避難所を回って状況を説明したり、翌日からは続々と送られてくる救援物資の配給作業などに奔走しました。

こうした作業に従事するなかで見えてきたのは、それぞれの地域の持つ「力」です。

町内などでしっかりとまとまっている地域は、避難所にテントを立てるなどして本部を設け、決して十分とはいえない配給食料に対しては、それぞれの家庭に残っている食材や煮炊き用の道具を持ち寄って炊き出しをするなど、自分たちで何とか不足を補おうと努力していました。また、そうした地域では消防団や地域のリーダーが、どこにだれが避難しているかしっかり把握し、安否情報も正確でした。

一方、地域でまとまっていないところは、駐車場などで個々バラバラに車を停めてその中で寝泊まりするだけで、市の側としても救援物資を届けようにも受け取り手がなく苦慮しました。そのような地域では、地域内での相互扶助や自助努力ができなかったため、市が配給する救援物資に頼るしかなく、その裏返しとして行政の対応に対する不満も非常に強いように感じました。

今回の震災のような緊急事態の場合、市民の生命を守るために最低限のライフラインの確保や生活物資を供給するのは、行政が当然行わなければならない責務ですが、物資の絶対量が足りない場合は、各自での努力や相互扶助をしてもらわないと行政側もカバーしきれません。そうしたときに発揮されるのが、それぞれの地域に平素から蓄えられている「地域の力」だと感じました。

（十日町市、新潟県中越地震における公民館職員の体験談）

2．避難訓練・防災訓練

　地域住民をはじめ、自主防災組織、赤十字奉仕団、その他のボランティア団体等が連携して、地域ぐるみで避難所の開設・運営の訓練を積んでおくことが大切です。

① 　行政担当者、公民館職員、自主防災組織等の地域住民で協議する機会を積極的に持ち、相互の役割を確認し、認識を高めておくことが必要です。また、そうした機会を生かして避難所運営組織の育成を図ります。

② 　具体的には、消火訓練、避難訓練、給食給水訓練、情報伝達訓練、防疫訓練などがあります。

③ 　幅広い住民層が参加できるよう、地域と連携した訓練を実施します。

④ 　訓練は必ずしもスムーズに行わなければならないものではなく、むしろ訓練で失敗したり、うまくできなかったりした点の解決に向けて、引き続き協議・訓練を重ねていくことが大切です。

⑤ 　訓練をいつも同じ曜日や時間帯に行うと、関心があっても参加できない人が出てきてしまいます。できるだけいろいろな人に参加してもらえるよう、曜日や時間帯・内容を変えるなど、工夫しましょう。

⑥ 　自主防災組織をより機能させるため、地域の防災リーダーを育成することも検討しましょう。

MEMO　防災訓練の内容を見直す

　防災訓練は形骸化しているものも多く見られます。校庭や公園にただ避難するだけの訓練では、効果は薄いといわざるを得ません。もう一度、その地域にとって必要な防災訓練とは何かを考えてみる必要があります。

　まち並みは地域によって違いますし、人々の動きも商業地と住宅地では異なります。また同じ地震災害を想定しても、津波の危険があるところもあれば、土砂崩れが心配な地域もあるといったように、一律ではありません。現実に沿った内容にしたいものです。

　たとえばよく目にする訓練に「バケツリレー」がありますが、いざというときにリレーできるほどのバケツが集まるのか、さらにその水はどこから調達するのかといった問題があります。同様に消火器についても、どこにどのくらいあるのかをきちんと確認しておきましょう。

3．避難所開設の訓練

公民館職員は、日ごろから行政担当者や自主防災組織、自治会等と、避難所開設時の対応方法について協議し、訓練を行います。

① 公民館職員および行政担当者等は、各施設の実情を考慮しつつ災害時に対応する必要があるため、玄関や各室等の解錠の方法、避難者の誘導範囲、避難所としての開放範囲等を確認し、具体的に避難所開設の手順を訓練することが必要です。

② 事前に自主防災組織や自治会関係者等と協議を行うことは、災害時に協力して対策にあたるうえで、信頼関係を築く基礎となる点でも重要です。

③ 協議や訓練によって確認した内容は、避難所運営マニュアルに反映させておきましょう。

MEMO　お祭りと防災

お祭りと防災とは、なかなか結びつかないかもしれませんが、お祭りはまさに防災訓練そのものなのです。

お祭りでは、たとえば本部としてテントを立てます。これは仮設本部の設営訓練です。立てるときには、倉庫から出してリヤカーで運んで立てるのですから、物資搬送訓練になります。夜になると、発電機を回して明かりをつけます。ここで発電機の使い方を学び、きちんと発電機が稼働するかどうかのメンテナンスをすることになります。また、焼きそばや焼き鳥の屋台も出します。ここでは、大きなポリ容器で水を運んだり、食材を運んで加工したりします。これはまさに炊き出し訓練です。

また、お祭りには、男性も女性も、老いも若きも、さらに子どもたちも自ら進んで参加します。これほど多くの地域住民が進んで参加する行事はないのではないでしょうか。

このようにお祭りを実施することは、地域の防災訓練につながっているのです。

公民館でも、毎年のようにさまざまなイベントや公民館祭りを開催しています。こういった機会に、テントを立てたり、発電機を使ったり、炊き出しをしたりすることで、防災訓練と同じ効果が得られるのです。

II. 災害への備え

公民館が災害に遭ったとき、また避難所になったときのため、あらかじめ次のような準備をしておくと、スムーズな運営ができます。☞**様式1-①**（p. 128）

(1) 防災計画における公民館の位置を確認しよう

国、地方公共団体等では、災害対策の実効を上げるため、災害対策基本法に基づき地域防災計画の策定およびその適切な実施を図っています。

そのなかで、公民館は避難所として指定されていたり、いなかったりして、その位置づけは市区町村によって異なります。あらかじめ自分のまちの防災体制を確認して、自分の公民館の位置づけを確認しておくことが重要です。ただし、避難所としての指定の有無にかかわらず、地域住民等が避難してくることが予想されますので、避難者に対して適切な対応ができるように計画を定めておくことが必要です。

(2) 公民館の建物をよく知っておこう

地震では公民館も倒壊する可能性があります。阪神・淡路大震災においては、兵庫県内の公民館で全壊が1館、半壊が1館、一部の被害は105館にのぼりました。

建物に被害がある場合、さまざまな要因があります。1981年に見直された新耐震基準以降に建てられたものは被害が小さいといわれていますが、地盤や、建物の構造、形、また日ごろの建物の維持・管理状況なども大きく影響してきます。

公民館の敷地・建物の安全性をあらかじめ把握しておきましょう。

なお、公共施設等（公民館を含む）の耐震化事業には、財政支援（起債と交付税措置）があります。

(3) 施設・設備の耐震性を向上させよう

被害を少なくするために、ロッカー・冷蔵庫・テレビ・パソコン機器等備品の転倒防止、ガラス・陳列ケース等の破損・飛散防止、照明器具・時計・額等の固定強化などを実施しましょう。

(4) 避難所運営マニュアルを作成しよう

公民館ごとに状況が異なりますので、すべて同じマニュアルではなく、独自のマニュアルを作成するようにします。

(5) イメージトレーニングをしよう

作成された避難所運営マニュアルを「使えるもの」にするために、日ごろからイメージトレーニングをすることが大切です。緊急対応を迫られたとき、あらかじめ知っておけば、さまざまな対応が迅速かつ効果的に実施できます。

また、マニュアルに基づき、公民館、自主防災組織、町内会、消防団、自治会、行政担当者等が一体となった避難所運営訓練を、防災の日（9月1日）や過去に地域が災害に遭った日などに実施し、マニュアルの習熟と課題の抽出、マニュアルの改善を行いましょう。

(6) カギの保管について考えよう

公民館が閉鎖時の災害に備え、自主防災組織や自治会、行政担当者によって緊急に避難所を開設することが考えられるので、玄関など施設のカギを別に保管することも考えましょう。

(7) 備蓄品・便利な物品を保管しよう

① 公民館に保管場所が確保できるようであれば、防災担当部署、自主防災組織、自治会等と相談し、水、食料、物資および備品等を備蓄しておきましょう。

② 自主防災組織、自治会等においては、備蓄品について、備蓄場所・備蓄品目・備蓄量などに関する情報（備蓄品リストなど）を、事前に把握・共有化します。

③ し尿処理対策、特に仮設トイレや消毒液・トイレットペーパーの備蓄などについても配慮します。

④ 公民館の対象区域内に、発電機や井戸などがある場所を事前に把握しておきます。

⑤ 和室以外の会議室は床が硬い場合が多いので、ウレタン素材等の敷物を用意します。

⑥ あると便利な物品（☞次ページ）等をそろえておきましょう。

(8) 防災機器類を点検し、使い慣れておこう

緊急放送設備、火災報知器、通信機器等の防災機器類がきちんと作動するか、誤作動はないか、定期的に点検しましょう。その際に機器操作に慣れておくことも必要です。

災害になってから、「防災無線の使い方がわからない」「防災無線の電波状態が悪く使え

ない」「発電機に必要な水と燃料がない」「ろ過器が動かない」といったトラブルも多く発生していますので、気をつけましょう。

(9) 関係施設・団体、関係部局との相互連携体制を築いておこう

　災害直後は、通信手段の混乱・情報途絶等もあり、その時点で新たに関係施設・団体と連携関係を築いていくことは困難です。事前に相互連携体制や非常災害救援協定等をつくっておくことが必要です。

　また、国・ブロック・都道府県・市区町村・地域等の広域エリアの関係施設間で、または都道府県公民館連合会、全国公民館連合会など連盟組織のなかで、非常災害救援・協力体制について検討し、整備を進めましょう。

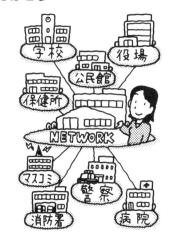

【あると便利な物品リスト（例）】 ※実状に合わせて、内容を検討しましょう。

- 事務用品

　ボールペン、カッター、セロハンテープ、ガムテープ、フェルトペン、コピー用紙、模造紙、電卓、付箋、腕章、旗等

- 清掃用品

　ほうき、ちりとり、モップ、ゴミ袋、石けん、洗剤、ゴム手袋、軍手等

- 防災用品

　携帯ラジオ、トランシーバー、懐中電灯、乾電池、台車、自転車・単車、消火器、拡声器（メガホン）、ホイッスル、バール、つるはし、スコップ、ドライバー、ハンマー、ヘルメット、ロープ、新聞紙、ダンボール、ラップ、タオル、ブルーシート等

- 救急用品

　救急医療品（傷薬、脱脂綿、ガーゼ、包帯、ばんそうこう等）、常備薬（風邪薬、胃腸薬、頭痛薬等）、担架、簡易ベッド、生理用品、紙おむつ、ほ乳瓶、タオル、毛布等

- 衛生環境対策用品

　マスク、アルコール手指消毒液、体温計、非接触型体温計、除菌用アルコールティッシュ、タオル、新聞紙（吐物処理用）、ハンドソープ、次亜塩素酸ナトリウム、使い捨て手袋、フェイスシールド、ポリ袋、ラップ、ゴミ袋、蓋つきゴミ箱（足踏み式）、パーティション等

- 生活用品

　トイレットペーパー、ウェットティッシュ、バケツ、缶切、箸、紙食器、紙コップ、ライター・マッチ、スリッパ、ござ、ビニール袋等

• その他

　緊急連絡表、各種行動マニュアル、関係機関への連絡表、発電機、コードリール、ろ過器、運搬用一輪車、テント、ストーブ、灯油、ガスコンロ、ガスボンベ、防虫剤、ポリタンク、携帯電話の充電器等

【データ】

　福岡県西方沖地震では、2005年3月20日（日）午前10時53分ごろ、九州北部で強い地震が発生。福岡市は震度5弱〜6弱の強い地震に見舞われ、震源地は福岡県西方沖で地震の規模はマグニチュード7と発表されました。震源に近い地域では地割れや建物の倒壊が発生し、交通渋滞や通信網の切断など市内は一時パニック状態に陥りました。

　市内144の公民館では、「一次避難所」として94館で避難者を受け入れました（当時）。

　この経験を生かすため、福岡市では市内の公民館144館にアンケート調査を実施。「公民館に備えたほうがよいと思われる設備・備品等について」では、次のような結果となりました〔自由記述、（　）内の数字は館数〕。

1．用　品

　毛布・マット・寝具（47）、非常食（32）、救急箱・医薬品（26）、水（23）、タオル・バスタオル（7）、防災グッズ（7）、紙おむつ・下着（5）、血圧計（2）、ティッシュ（2）、生理用品（2）、座布団（1）、水枕（1）、ライター（1）、洗面具（1）、ラップ（1）、水のいらないシャンプー（1）、ゴミ袋（1）、布テープ（1）、ポット（1）、高齢者・障がい者用簡易ベッド（1）

2．備　品

　懐中電灯（14）、ラジオ（8）、テレビ（6）、カセットコンロ（6）、拡声器（3）、ライト付きラジオ（3）、地域内連絡のためのトランシーバー（3）、乾電池（2）、洗濯機（2）、パーティション（2）、発電機（2）、充電器（1）、電気・ガス以外で使える暖房器具（1）、車椅子（1）、冷蔵庫（1）、大型ナベカマ（1）

3．救助用具

　ヘルメット（10）、救急用機材（1）、バール・スコップ・ジャッキ・ロープなどの工具（8）、雨カッパ・防災服（4）、担架（4）、ブルーシート（3）、折りたたみ式リヤカー（1）、縄梯子（1）、ライフジャケット（1）、水害用ライフジャケット（1）

4．設　備

　シャワー（14）、新型の防災無線設備機器（5）、風呂（3）、非常放送設備（2）、簡易トイレ（2）、トイレの水（1）、洗浄機付トイレの設置（1）

5．その他

　「一次避難所」の看板・のぼり旗、避難所の表示板（公民館所在地）、緊急時等のマニュアル、緊急連絡網、連絡用携帯電話、水害時のボート、防災無線用の電源、防災用具用倉庫、パソコン転倒・落下防止用品

（福岡市「公民館の避難所対応状況アンケート結果について」2005年より）

III. 災害対応マニュアルの作成

災害に遭ったとき、まずどのような行動をとるべきか、また避難所になったとき時間の経過とともに何をすべきか、あらかじめマニュアル化しておかなければ臨機の対応はできません。

(1) 独自のマニュアルを作成しよう

公民館はそれぞれ、固有の特性（立地条件、自然条件、社会環境、運営形態、施設・設備状況、建物規模、職員配置など）がありますので、本書を参考としつつ、自らの施設の状況にあった独自のマニュアルの作成が望まれます。

災害時における来館者、職員の安全確保のため、職員の役割分担、避難用の場所、避難経路の確保などの計画を立てましょう。職員配置人数が少なかったり、全員がそろっていなかったりする場合も想定しておきます。

なお、マニュアル作成にあたっては、次のような事項に留意しましょう。

① 災害発生時の職員の役割分担　　　　　　　　☞様式1－②（p. 129）

※職員数、時間帯ごとで役割分担を柔軟に対応できるように配慮します。

【役割分担例】

ア　本　部
- 災害状況の全体把握と各係への指示・命令　　・対応策の検討
- 館内放送　　・被災状況により、各機関との連携・調整
- 地震情報収集　　・その他、全体指揮にかかわる必要事項

イ　避難誘導班
- 災害時における避難通路の確保と来館者の誘導　　・避難路の障害物の除去
- 要救助者の確認と本部への報告　　・避難開始の指示・命令の伝達
- ロープ等による危険区域の設定

ウ　応急防災班
- 火元の消火確認　　・火災発生時の初期消火活動
- 防火シャッター、防火扉、防火ダンパー等の閉鎖・確認

エ　救護班・衛生班

- 緊急医薬品の搬出 　・救護所の設置 　・衛生・健康管理
- 手指消毒剤の設置 　・負傷者の応急手当 　・消防署・医療機関への連絡

② **災害対応の時系列の流れ**

初動期（発災～24時間）、展開期（24時間目～3週間ほど）、安定期（3週間目以降）、撤収期（ライフライン回復後）、事前対策期（平常時）

③ **関係資料**

緊急報告様式等

④ **関係機関との連携**

関係機関の連絡先、具体的な連携方法等

⑤ **施設特性の理解**

都市規模、施設規模、地域特性等

⑥ **利用状況**

利用者数、性別・年齢構成、利用時間等

⑦ **要援護者への配慮**

障がい者、高齢者、幼児・児童、外国人、妊婦等

⑧ **地震以外の災害への対応**

津波、風水害、火災、液状化、浸水、崖崩れ等

⑨ **被害状況**

施設の被害状況、道路および周辺地域の被害状況、情報・交通手段の途絶、停電、電話不通、防災機器破損等

⑩ **地震発生時間**

朝、日中、夜間、深夜、休館日等

⑪ **職員勤務体制**

全員勤務、半数勤務、アルバイト単独勤務、職員不在等

⑫ **その他**

(2) マニュアルは、関係者と協議しながら作成しよう

マニュアルは公民館職員だけで作成するのではなく、自主防災組織、自治会、消防団、利用団体、行政担当者等と協議しながら作成することが重要です。

マニュアルを使うことが想定される人や組織には、マニュアルを配付しておきましょう。

(3) 避難者受け入れスペースを確認しよう

避難者受け入れスペースを、事前に想定しておきましょう。

① 収容予定人数を超過する避難者を収容しなければならないことも想定して、公民館の個々のスペースを事前に熟知し、避難者を受け入れるスペースやその受け入れの優

先順位、補助的に利用できるスペースの
確保と、適正な配置の事前シミュレー
ションをしておきます。

② 事前情報として、ボイラー室、電気室
などの立ち入り危険箇所や、関係者以外
の立ち入り禁止スペースを周知しておき
ます。

③ 公民館では、和室や調理室などの部屋
のほか、印刷機、放送機器、福祉機器等
を備えているところも多いので、こうし
た機能を生かした運営も検討しましょう。

④ 公民館の避難者の受け入れスペースには限界があります。日ごろの啓発活動を通じ
て、避難者が持ち込む物品すべてを収容しきれないことや、多くの持ち込みが人間の
安全・安心なスペースを妨げるおそれがあることについて、住民へ周知します。どう
しても人のスペースを妨げる場合は、物品管理のスペースを確保する必要があります。

⑤ 避難所のスペースの一部に、高齢者、障がい者等の要援護者の専用スペースを設置
できるよう検討しておきます。また、間仕切り板、簡易ベッド、車椅子などをどこか
ら調達するかについても確認しておきましょう。

(4) 避難所運営組織の編成および役割分担を明確化しよう

① 公民館が避難所となった場合を想定し
て、公民館や自主防災組織、町内自治
会、消防団、行政担当者、周辺事業所な
どによる避難所運営組織を設け、避難所
運営に係る事項を事前に協議しておくと
よいでしょう。

② 自主防災組織、自治会などにおいて
は、事前に避難所開設・運営に必要な班
構成を決定し、それぞれの役割を確認し
ておきます。また、時系列・項目別に協議を行い明確化することも必要です。

③ 食料の配給方法、避難所の基本生活ルール、必要な情報の提供方法等を項目ごとに
決めておきます。

(5) 避難所の生活基本ルールをつくろう　　☞様式1－⑤、2－①（p.134、149）

公民館での避難所運営の基本は、住民（避難者）、行政担当者、そして施設管理者であ

る公民館職員の三位一体で行わなければなりません。つらいことも、楽しいこともお互い
が共有することが避難所運営の基本であり、そのことが避難所を解消した後の地域コミュ
ニティ強化にもつながります。

　以下のようなルールをつくり、避難所運営に努めるよう、理解と協力を求めましょう。

①　自分がされたくないことを人にしないこと。

②　携帯電話、夜間行動などのマナーは、日常生活以上に配慮すること。

③　要援護者に特に配慮すること。

④　救援物資などは公平に分けるだけでなく、最も役に立つ方法も考えること。

⑤　多くの人と話をすること。

⑥　早く避難所を出ることを考えること。

⑦　周りの人を思いやる気持ちを忘れないこと。

⑧　多数決で物事を決めないこと。

⑨　避難所内で決めた役割や当番は守ること。ただし、要援護者に負担をかけないこと。

⑩　避難所生活者だけが被災者ではないので、差別しないように心がけること。

⑪　避難所を出て行くときには、残る人の気持ちを考えた行動をすること。

⑫　共用スペースはみんなのもの。自分勝手な振る舞いは慎むこと。

⑹　マニュアルは修正していこう

　計画を立てたら、それで終わりではありません。実際に訓練したりするなかで気づいた
こと、改善すべきことは絶えず修正していきましょう。

MEMO

　施設に無秩序に立ち入ることは、混乱のもとになります。建物内への立ち入りは、安全確認
がとれてからが鉄則です。

　ただ、地震や津波などの突発的な災害では、特に休日や、早朝、夜間の災害発生の場合、カ
ギを持っている職員が不在の場合があります。

　阪神・淡路大震災をはじめ、これまでの突発的
な災害の経験では、施設に詰めかけた避難者が、
職員到着前に施設の窓や扉を壊して無秩序に施設
内へ侵入するケースが多発しました。この場合、
施設の安全確認がとれていないため危険だったり、
他方ではトイレなどの共用スペースまで避難者が
占拠したりして、混乱のもととなります。

　このような混乱を避けるため、避難所を利用す
ることが想定される地域の自主防災組織の代表者
や自治会の会長などへ、災害の際の立ち入りにつ
いて、事前に周知しておくことも必要です。

Ⅳ. 公民館で災害に遭ったら

1. 地震が来た！ まず落ち着いて身の安全を

　屋外にいようと屋内にいようと、大きな揺れに襲われたとき、むやみに逃げるのではなく、第一に「頭を守る」ことを心がけましょう。

　足や手を切っても出血量が多くなければ命に別状はありませんが、頭に落下物が当たれば意識を失い、当たり所によっては死に直結します。そこで、

　①まず丈夫な机や椅子などの下にもぐり、脚をしっかり握りましょう。②もぐる場所がない場合、カバン、雑誌など身近なものを頭の上に置いて守りましょう。③何もない場合は、手で頭を守ります。このとき、手のひらを内側に向けること。逆だと落下物が当たり手首の血管を傷つけることになりかねません。

　ポイントは、頭に直接ではなく、少し浮かせて、カバンや手などで頭を守ることです。頭にべったりくっつけていると、落下物の衝撃がまともにきてしまいます。少し浮かせて空間をつくっておくと、それがクッションの役割を果たして、衝撃がかなり緩和されます。

　どんな大地震でも揺れは1分程度といわれています。阪神・淡路大震災でも50秒でした。揺れている1分間は身を安全なところに置いて、揺れが収まってから行動するほうが無難です。

　来館者には、壁・窓・ロッカー等から離れるよう大声で指示し、落ち着いて行動するように声かけを続けましょう。

① 机などの下にもぐる姿勢
　丈夫な机などの下にもぐり、頭を守ります。机の脚をしっかりと握りましょう。

② カバンで頭を守る姿勢
　頭から10cmくらい離してカバンで頭を守ります。手はできるだけカバンの下に入れましょう。

③ 頭を守る姿勢
　頭から10cmくらい離して手のひらを内側に向けて頭を守ります。両ひじを近づけて頭を守りましょう。

2．災害直後の処置

　地震の大きさにより、さまざまな被害が想定されます。その際、職員は自身の身の危険を回避するとともに、来館者の生命の安全確保を最優先し、混乱の発生防止に努めるなど、被害を最小限に防ぐ必要があります。

　地震が大きい場合、来館者が出口をめがけて殺到するなどのパニックもおこりやすくなります。このため、対応は的確に、迅速に行うことが大切です。

(1)　応急消火

　火気を消し、ガスの元栓を閉めます。また、漏電による火災発生を防ぐため、電気器具のプラグをコンセントから抜きます。

(2)　身の回りの安全確認

　職員は自分の身を守りつつ、可能な限り来館者の安全確保をします。転倒、落下の危険のある場所から来館者を遠ざけ、周囲の安全確保を図り、館外への避難は安全が確認されるまで制止します。また、負傷者の有無と状況の確認を行います。

　館内放送は、激しい揺れのなかでは、不安や恐怖からの悲鳴や騒音等が大きく、ほとんど徹底できません。必要最小限の短い言葉を連呼しましょう。放送設備が使えない場合は、拡声器等を使用します。

　外国人、聴覚障がい者にも配慮するよう注意してください。

> 【放送例】
> ・緊急放送、ただいま非常に強い地震が発生しました。この建物は大丈夫です。火を消し、机などの下に身を隠してください。
> ・落下物に気をつけ、外には出ないでください。
> ・エレベーターは使わないでください。

(3)　建物内の総点検

　館内放送で、来館者は職員の指示に従い、あわてずに行動するよう呼びかけるとともに、職員はそれぞれ所定の活動を開始するように指示し、出入り口・階段など殺到するおそれのある箇所へ緊急配備につきます。

建物内を総点検し、負傷者などの救護をします。また、エレベーター内やトイレ、各部屋に人が閉じこめられていないか確認します。

【放送例】

- ただいま、大きな地震がありましたが、この建物は大丈夫です。現在、職員が安全を確認しています。次の放送があるまで、そのままお待ちください。あわてて館外へは飛び出さないでください。
- 負傷された方は、職員にお申し付けください。
- 職員は、負傷者の救護および、所定の活動を行ってください。

---

(4) 避難経路の確認・誘導

避難場所・経路の安全を確認し、危険の少ない避難場所と危険の少ないルートを確認します。

確認がとれたら、来館者の整理・誘導を開始します。その際、トランシーバー、拡声器、照明器具等を携行します。また、「押さないでください」「話さないでください」「自分勝手な行動はとらないでください」という指示・徹底に努めます。特に、要援護者に配慮が必要です。

※避難場所となりそうな安全な場所は、あらかじめ館外に複数用意しておきましょう。

【放送例】

- 館内の皆様にお知らせいたします。ただいま安全が確認されました。今後、余震があるかもしれませんので、職員の誘導に従い、落ち着いて避難してください。
- 避難口は、出入り口のほか、○○と△△です。

※必要に応じて、災害状況、道路・交通機関などの情報、津波情報を放送します。

MEMO

建物を熟知している場合でも、日ごろから使っている階段や慣れ親しんでいる通路を使って逃げようとする傾向があります。それが常に的確な避難方法・避難経路であるとは限りません。よく知っている建物だから大丈夫といった油断は禁物です。

3．避難所開設準備　　　　　　　　　　　☞様式1－③（p.130）

　避難所の開設にあたっては、様式1－③（☞p.130）の「避難所開設準備チェックリスト」を見て、公民館の安全確認、ライフラインの確認等を行い、開設します。

　避難所開設は、避難所としてその公民館が指定されており、なおかつ災害対策本部から開設指示等があってから開設方針を決定するのが原則ですが、実際にはそれに関係なく住民が公民館に避難してくる場合も少なくありません。指定避難所ではない公民館でも、被災者にとってその施設が避難所として指定されているか否かは知らないことが多かったり、できるだけ自宅の近くにいたいという気持ちが強かったり、余震のたびに自分の家の被害が拡大していないか確かめに行きたかったり、家のなかの物を必要に応じて取りに帰りたかったり等、さまざまな理由で「身近にある公共施設」に避難することが多いからです。

　実際、新潟県中越地震において、長岡市はあらかじめ指定した避難所に職員を派遣して、避難者の世話をする計画を立てていました。しかし、最終的には避難所125か所のうち、指定以外の避難所が52か所も自然発生していました。その「臨時」避難所にも、水や食料の供給や、職員の派遣を行うことを急きょ決定し対応しました。

避難所を開設するための準備

　大規模な災害が発生した場合、避難所を開設するためにはさまざまな準備が必要です。しかし、大規模な災害発生と同時に、行政も数多くの業務を行わなくてはならず、また交通状況によっては、職員が避難所に来られず、多くの住民が公民館に避難してくるより先に到着できる職員はごくわずかです。

　そのようななかで、避難所開設を行うためには、避難した住民と一緒に運営を始める必要があります。

1．初めに来た職員（住民）のなかから、リーダーを決め、以下の4つのチームを編成します。

2．「安全確認チーム」「受付チーム」「スペース配置チーム」「トイレチーム」の4つがまずは必要となるため、それぞれ2人以上で作業にあたらせます（基本的には、単独で作業にあたらせないことが必要です）。

3．「応急危険度判定士」ボランティアが駆けつけてきて、建物の判定作業が行われる場合はそれに従います。判定士が来ない場合は「安全確認チーム」に、ヘルメットなどを

着用して建物が安全かどうかを確認させます。残りの人たちは、他の避難者たちに、建物の安全が確認できるまで、外での待機をお願いします。

4．安全が確認された場合は、次の作業に移ります。安全ではないときは以降の作業を中止し、建物を立ち入り禁止とします。なお、体育館だけなど部分的に危険な箇所が発見された場合は、その箇所だけ立ち入り禁止にします。

5．安全が確保されたら、各チームがそれぞれの作業を行います。

①受付チーム

　避難者には、必ず受付をしてもらってから入るように工夫します。受付しないまま、勝手に入らないようにします。

②スペース配置チーム

　避難所に避難できる位置を決め、それぞれに生活するスペースを割り当てます。

　特別な配慮が必要な人やものには、居住スペースとは別にスペースを設けておきます。

③トイレチーム

　すでにあるトイレの状況と、簡易トイレの設置などを行います。トイレが使えない場合は「立ち入り禁止　このトイレは使用できません」という張り紙と、立ち入れないようにバリケードをつくります。

【参考】

応急危険度判定

　応急危険度判定は、余震などで倒壊の危険がある建物で二次被害に遭うことを防ぐために、認定された建築技術者による判定です。

　その判定結果は、建築物の見やすい場所に表示され、居住者、歩行者などに対してもその建築物の危険性について情報提供することとしています。

応急危険度判定士

　応急危険度判定士は、応急危険度判定の講習会を受講した建築技術者のうち都道府県知事の認定を受けたボランティアです。大規模な地震が発生した直後に、原則としてすべての建物に駆けつけますが、各市区町村により実施方法が異なります。たとえば、地域や判定対象建築物を限定して実施する場合があります。

　なお、応急危険度判定士は判定活動に従事する場合、身分を証明する判定士認定証を常時携帯し、「応急危険度判定士」と明示した腕章およびヘルメットを着用しています。

　※全国の応急危険度判定士数（2022年4月末現在）　107,822人

判定ステッカーの種類

- 調査済（緑色）　この建築物の被災程度は小さいと考えられます。建築物は使用可能です。
- 要注意（黄色）　この建築物に立ち入る場合は十分注意してください。応急的に補強する場合には専門家にご相談ください。
- 危　険（赤色）　この建物に立ち入ることは危険です。立ち入る場合は専門家に相談し、応急措置を行った後にしてください。

【参考】　　　　　　　防災拠点の耐震化状況について

防災拠点となる公共施設等の耐震化推進状況（施設区分別）

（2021年10月1日現在）

	施設名	全棟数 A	S57年以降建築の棟数 B	S56年以前建築の棟数 X	耐震診断実施棟数 Y	改修の必要が無い棟数 C	耐震化済の棟数 D	未改修の棟数	耐震診断未実施棟数	耐震済棟数 B＋C＋D＝E	耐震診断実施率 Y／X	耐震率 E／A
1	社会福祉施設	18,427	11,853	6,574	6,027	3,317	1,847	863	547	17,017	91.7%	92.3%
2	文教施設 （校舎・体育館）	106,179	49,423	56,756	56,674	18,427	37,758	489	82	105,608	99.9%	99.5%
3	庁舎	9,237	5,552	3,685	3,516	1,199	1,595	722	169	8,346	95.4%	90.4%
4	県民会館・公民館等	17,560	12,113	5,447	4,824	1,911	1,368	1,545	623	15,392	88.6%	87.7%
5	体育館	4,884	3,202	1,682	1,532	546	617	369	150	4,365	91.1%	89.4%
6	診療施設	2,870	2,357	513	472	228	128	116	41	2,713	92.0%	94.5%
7	警察本部・警察署等	6,044	4,327	1,717	1,157	333	540	284	560	5,200	67.4%	86.0%
8	消防本部・消防署所	5,616	4,160	1,456	1,322	693	486	143	134	5,339	90.8%	95.1%
9	その他（※）	13,510	9,669	3,841	3,402	1,711	898	793	439	12,278	88.6%	90.9%
	合計	184,327	102,656	81,671	78,926	28,365	45,237	5,324	2,745	176,258	96.6%	95.6%

※その他：1～8以外の施設のうち、指定緊急避難場所又は指定避難所に指定している施設

防災拠点となる公共施設の棟数

（2021年10月1日）

区分	都道府県	市町村	合計
1　社会福祉施設	1,319	17,108	18,427
2　文教施設（校舎、体育館）	9,391	96,788	106,179
3　庁舎	2,386	6,851	9,237
4　県民会館・公民館等	122	17,438	17,560
5　体育館	109	4,775	4,884
6　診療施設	383	2,487	2,870
7　警察本部、警察署等	6,044	―	6,044
8　消防本部、消防署所	553	5,063	5,616
9　その他	2,303	11,207	13,510
合計	22,610	161,717	184,327

出典：消防庁「防災拠点となる公共施設等の耐震化推進状況調査結果」

4．被災直後、公民館での宿泊を余儀なくされた場合

☞様式 1 − ③〜⑪（p. 130〜140）

① 　避難所での生活とは、日常では経験のない床の上に寝ることと、寝具がせいぜい毛布1、2枚という状況になります。しかも、収容能力を超す人数が入った場合は、横になって寝ることさえ不可能となることを考えなければなりません。就寝に必要な最低限のスペースは2㎡といわれています（☞p. 33）。特に要援護者は、やや広めのスペースを必要としますので、健康な人には最低限の我慢を容認してもらう必要があります。

② 　避難所に入るために、避難者が自分で寝具を用意する時間的余裕がある場合はよいのですが、突発災害のときには、備蓄または行政が配給する毛布が寝具として拠出されるだけになります。限りがありますので、冬場の場合などは、新聞紙を衣類のなかに挟みこむ、空いたペットボトルにお湯を注いで湯たんぽ代わりにする等の自己防衛が必要です。

③　異常事態である避難所生活は、健康な人でも、発熱や悪寒に襲われます。また、ぜんそくなど持病のある避難者にとっては、避難所の環境は最悪であり、悪臭やほこりに対する換気、不衛生なものの撤去、手足や顔の洗浄に必要な場所と用具を備えなければなりません。また、要援護者のなかでも、乳幼児や病気の方が必要とされる飲料水は、避難者全員の協力で、優先的に提供するように努める必要があります。

④　避難の途中でけがをすることや、病状が悪化する場合が考えられます。治療時間を争うような場合を考え、救急病院への搬送や、一時的応急手当を避難者の協力を得て実施しなければなりません。医師や看護師など専門家がいる場合は幸いですが、そうでない場合も治療スペースや隔離スペースの確保と、搬送方法を工夫しなければなりません。

⑤　自力では生きることのできない乳幼児にとって、避難所での生活はさらに厳しいものになります。衣食住のすべてにわたって優先して考えなければなりません。

⑥　避難所生活において、水・食料と並んで深刻な問題なのがトイレ不足です。排せつ物をその辺に放置しておけば、伝染病が発生しかねません。特に要援護者にとっては、トイレの我慢は精神的、肉体的に大変な苦痛を与えます。トイレの衛生管理とともに、トイレ使用のルールづくりも真剣に行わなければなりません。

⑦　避難所開設時にすべての避難者や、家族の安否、行方不明者等の把握、確認は不可能な場合があります。ある程度の時間が経過した時点で、速やかに名簿作成を実施しましょう。　　　　　　　　　　　　　　　　　　　　　☞**様式1-⑩**（p.139）

⑧　避難所が開設されたら、できるだけ早く避難所運営委員会を立ち上げ、上記のさまざまな活動を組織的に運営することが求められます。また、行政担当者の配置が遅れたり人数が不足したりする場合も想定して、避難者と自主防災組織が率先して自治組織を立ち上げるよう、普段から周知しておきましょう。

⑨　避難所が窮屈で衛生状態も満足でない環境では、要援護者への配慮が欠かせません。

家族の努力では足りないことを想定して、日常からこれらの要援護者への世話についての知識を身につける機会をつくり、皆で心配りをする必要があります。それがひいては避難所全体の生活のしやすさにもつながってきます。

⑩　新型コロナウイルス感染症対策についての詳細は、55ページをご参照ください。

　　なお、そのときの全国的な感染状況、または国の方針などにより対応が異なってき
ますので、ホームページを定期的にチェックするようにしましょう。

第2部

避難所としての対応マニュアル

Ⅰ. 避難所運営の実際

Ⅱ. 地震以外の災害における留意事項

I. 避難所運営の実際

　大規模地震などの大災害時には、公民館等に避難して、しばらくの間極限状態のなかで共同で生活することが予想されます。ライフラインも停止した不便な状況で、慣れない共同生活を営むことは、決して簡単ではありません。

　しかし、あらかじめさまざまな準備を行い、近隣の人々と協力することによって、避難所での生活を比較的スムーズに送れるようになります。

　市区町村の災害対策本部は、それぞれの地域の避難所を迅速に把握し、それをもとに広域的な被災者支援を行います。

　一方、避難所としての公民館は、できるだけ短期間で通常の生活に戻ることを前提として運営します。

　ここでは、これらをふまえて、避難所運営で発生する課題の内容や範囲を示して、これに対して、いつ、だれが、何を、どのように行うべきなのかを簡潔にまとめました。避難所運営委員会が主体となって、できるだけ混乱を少なくし、円滑な避難所の運営をするための手引書として活用されることをめざしています。

　避難所を開設した場合、早い段階で、行政担当者、公民館職員、避難者の三者が協議しながら、避難所運営委員会を設置し、避難所運営を開始することが大切です。

1．避難所運営委員会の設置と各運営班の業務内容

> 避難所の運営は、避難者自身による自主組織を中心として行います。

☞様式 1 － ④、⑨ （p. 132、138）

(1) 避難所の開設

① 避難所開設後にあたっては、避難者自身による自主組織を組織します。

② 必要に応じて、組織の内容や人選については更新するようにしましょう。

③ 公民館の設備や消耗品等の使用にあたっては、公民館職員の判断を求めるようにします。

MEMO

　避難所運営委員会の立ち上げは、時期をみて行います。初期の危機的状況のなかでは、避難者をとりまとめて、混乱なく避難所を運営するために、応急的な組織を立ち上げることも考えましょう。あとで落ち着いたら、本格的な避難所運営委員会に移行します。

　局地的な風水害などの小規模な災害の場合は、従来どおり避難所は市区町村の全面的な責任において運営を行うという考え方が主流と思われます。本書では、避難者主体の避難所運営を想定していますが、本書の避難所運営が実現されるためには、市区町村で自主防災組織や自治会などの参加を得つつ行われるような事前対策と合意形成が必要となります。

　役所の仕事のなかでも、公民館ほど直接住民の声を聞き、住民とともにつくり出す仕事をする部署は数少ないといえます。住民のニーズを探り、地域のコーディネーターとしての役割を務め、住民の主体的な取り組みを導いていく公民館職員の専門的な能力は、こういったところでも発揮されることでしょう。

MEMO

　原則として、避難所運営は市区町村が行うものとされています。しかし、阪神・淡路大震災では、行政主体の避難所運営はむずかしいことがわかりました。また、避難者が避難所運営にかかわることが、行政と避難者との無用な衝突を避け、円滑な避難所運営のために必要であることも明らかになりました。

(2) **避難所運営委員会の設置**（☞ 様式１−④（p. 132））

① 避難所の円滑な運営が行われることを目的として、公民館職員、行政担当者、自治会・町内会の役員、自主防災組織、避難者代表者、各運営班の班長、消防団等で構成する避難所運営委員会（以下「委員会」という。）をできるだけ速やかに設置します。

② 会長、副会長を選出します。

③ 委員会の会長は、避難所内の状況を把握し、相互の意見交換を行い、必要事項を協議決定するため、毎日定例会議を開催します。

④ 委員会は、具体的な業務の執行、運営のために各運営班を設置します。

⑤ 委員会は、編成された運営班の役割、班編成、班員などを、大きな模造紙に書いて避難所に張り出すなど避難者へ通知し、徹底を図ります。

⑥ 委員会の構成員は、避難者や外部の人から見分けやすいように、腕章や名札などの目印を身に付けるようにします。

⑦ 委員会の事務局は、総務班が担当し、会議の準備や記録を作成します。

⑧ ボランティアは、原則として構成員としません。ただし、避難所で長期にわたり活動するボランティアは、委員会が認めれば出席・発言ができるようにします。

(3) **各運営班の設置**

委員会は、避難者の公平性や班員の健康状態などを考慮し、適宜班員の交代を行うようにします。市区町村の規模、災害規模に応じて、班を統合したり、さらに細分化するなど、避難所の運営が効率的・弾力的に行われるよう工夫します。

① 総務班：避難所の管理、ボランティアの受け入れ

② 名簿班：名簿の登録・管理

③ 食料班：食料の調達、食料の管理・配給、炊き出し

④ 物資班：物資の調達、物資の管理・配給

⑤ 救護班：医療・介護活動、要援護者への支援

⑥ 衛生班：衛生管理、ゴミ、トイレ、風呂、掃除、生活用水、ペットの管理

⑦ 連絡・広報班：情報の収集、災害対策本部との連絡調整、避難者への伝達、記録

※班長職のほかに、その補助を務めることのできる人材を育成しておくことも大切です。避難生活が長期化してくると、班長職についていた人が自宅や仮設住宅に移ることがあります。この場合の後任の人事に備えておくことも必要です。

※何から何まで避難者の要望をすべて聞くことは不可能です。行政としてどこまでできるか、現在できることを、避難者とともに協議しながら考えていきましょう。

避難所の運営組織等

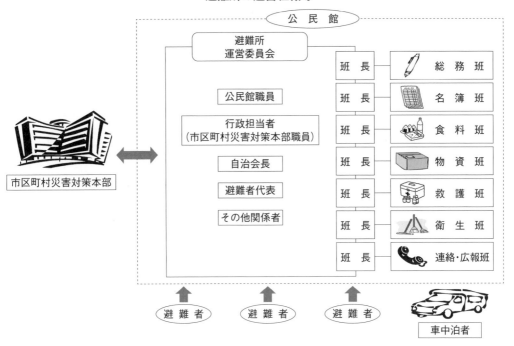

【データ】公民館の避難所対応状況（2005年福岡県西方沖地震）

　福岡県西方沖地震で、福岡市内の公民館144館のうち、実際に避難者を受け入れたのは94館（65.2％、ただし、短時間で他の施設に移ったとする1館を含む。）でした。受け入れなかったとする公民館は、受け入れ準備の連絡はあったが実際には避難者が来なかった館（42館、29.1％）などでした。

　また、受け入れ期間については、回答した88館中69館（78.4％）が一次避難所の基準である1週間以内の受け入れでした。一方、21日を超える受け入れが3館あり、最長は38日間でした。

　最大受け入れ人数については、20人以下が72館（81.8％）。一方で、50人以上の公民館も11館あり、そのうち100人を超える避難者を受け入れた公民館が5館ありました。

（福岡市「公民館の避難所対応状況アンケート結果について」2005年より）

公民館の避難者受け入れ

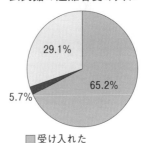

- □ 受け入れた
- ■ 受け入れなかった
- □ 避難者は来なかった

体験談　黒子としての行政・公民館

　いつまでも行政側、公民館側が運営のイニシアティブを握ろうとすると避難者の反発を招くため、避難所内のコミュニティがある程度形成されたら、避難者自身に任せられる部分は任せて、行政側、公民館側は黒子に徹したほうがよいようです。

（十日町市、新潟県中越地震における公民館職員の体験談）

2．避難スペースの指定等

> 避難スペースの指定は、先々のことを考えて、避難者、公民館職員、行政担当者の三者で協議して決めます。

☞ 様式 2 - ⑦ （p. 154）

(1)　避難者の受け入れを避けるべき部屋

　館長室、事務室、調理室、物資の保管場所など、施設管理業務や避難者への共通サービスに必要となるような部屋は、できるだけ避難者の受け入れをしないようにします。

(2)　避難所に設けるべきスペース

　以下の各スペースは、おおむね優先順位に従って記載しています。また、「◎」は当初から設けるスペースを示し、スペースの名称に「室」があるものは、独立させたほうがよいものです。

①　避難所運営スペース

◎避難者の受付所…玄関近くに設けます。

◎事務室（職員室）…玄関近くに、受付とともに設けます。

　事務室が確保できない場合は、長机等で囲って事務スペースを設け、重要物等は別室（館長室等）に保管します。

○感染症受け入れ室：感染症にり患している疑いのある人は、基本的には専用施設への移動をしていただかなければなりません。ただ、どうしても一時的に受け入れざるを得ない場合には、隔離するようにします。

◎広報場所…玄関近くに、受付とともに設けます。

　避難者や在宅被災者に市区町村災害対策本部等からの情報を伝えるため、できれば「広報掲示板」と避難所運営用の「伝言板」を区別して設置します。

○会議場所…事務室や休憩所等に設けます。

　避難所運営委員会等の会合ができれば、専用スペースの必要はありません。

○仮眠所（避難所運営者用）…事務室や応接室、仮設テント等で確保します。

 行政側の仮眠所も必要

　公民館には、市町村の行政担当者などが交代でいるのですが、避難所生活が長引くにつれて、行政担当者の仮眠所があればよかったと思いました。

（十日町市、新潟県中越地震における公民館職員の体験談）

② **救援活動スペース**

○物資等の保管室

　食料は、常温で保存できるものを除き保管しません。

○物資等の配付場所

　物資や食料を配付する場所を設けます。天候に左右されないよう、屋根のある広い場所を確保するか、または屋外にテントを張ることが考えられます。

◎救護室

　すべての避難所に行政の救護所が設置されるとは限りませんが、応急の医療活動ができるスペースをつくります。

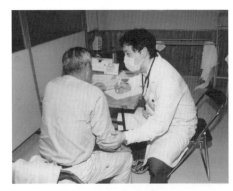

○特設公衆電話の設置場所

　当初は、屋根のある屋外など、在宅被災者も利用できる場所に設置します。日が経過するにつれ、避難所内の就寝場所へ声が聞こえないスペースに設けます。

○相談所

　できるだけ早く、プライバシーが守られて相談できる場所を確保します。

③ **避難生活スペース**

避難者が生活を営むスペースのほか、次のようなスペースも必要です。

◎更衣室（兼授乳場所）

　少なくとも女性更衣室は、授乳場所も兼ねますので、速やかに個室を確保します（または仕切りを設けます）。

○休憩所

　当初は部屋でなくても、椅子などを置いたコーナーをつくります。会議場所、娯楽場所などとしても活用します。

○調理室

　調理室がなければ、電力が復旧してから、電気湯沸かしポット、オーブントースター等を設置するコーナーを設けます（電気容量に注意が必要です）。

○遊戯場、勉強場所

子どもたちの遊び場や中高生の勉強の場として使用します。就寝場所からは少し離れた場所にします。

○喫煙場所

換気扇の付いている部屋を喫煙室として確保できなければ、玄関等に灰皿やバケツなどを用意します。

④　**屋外スペース**

○仮設トイレ

仮設トイレは、屋外で、就寝場所に臭いが届かない所、し尿収集車の進入しやすい所、就寝場所から壁伝いで行ける（高齢者や障がい者が行きやすい）場所にします。

○ゴミ集積場

原則として、屋外で、就寝場所に臭いが届かない所、ゴミ収集車が進入しやすい所に、分別収集に対応できるスペースを確保します。できれば屋根があり、直射日光が当たらない場所が理想です。

○物資等の荷下ろし場・配給場所

トラックが進入しやすい所に場所を確保します。物資等の広い保管・配給場所が確保できない場合は、屋外に仮設テント等を設けます。

○炊事・炊き出し場

衛生状態が安定してから、避難者が自ら炊事、炊き出しができる仮設設備等を屋外に設置します。

○仮設入浴場、洗濯・物干し場

屋外で、トラックが進入しやすく、ボイラー等の使用や排水の確保ができる場所にします。

○駐輪・駐車場

自動車・自転車の乗り入れは認めないことを原則としますが、住まいを失い、置き場を失った場合は、他の用途に支障がないときに限定して許可します。

3．避難者の受け入れと組割り

> 近隣の避難者ごとに組割り（居住組）をし、要援護者だけにならないようにします。

☞ **様式1‐⑩、2‐②、⑦**（p. 139、150、154）

① 避難者の受け入れにあたっては、避難者をできるだけ集約し、分散しないようにします。

② 避難所に来る避難者は、主に次のような人たちです。

- 住居を失った、あるいは住めない状態の一般被災者
- 高齢者、障がい者等の要援護者
- 被災家屋に残る在宅被災者
- 通勤者など帰宅困難者（地域外者も含む）
- 避難指示地区の避難者
- 自主避難者

③ 要援護者については、配慮した場所へ誘導します。

④ 避難者の不安を少なくするために、町・丁目、自治会、町内会単位などの近隣の避難者ごとにおおむね部屋単位、広いスペースの場合は10世帯程度（最大40人程度）にまとめるなどして居住組を編成します。

⑤ グループ内が要援護者だけになるような編成は避けます。

⑥ 通勤者や旅行者など帰宅困難者は、地域の人とは別の組を編成するようにします。

⑦ 居住組には、代表者を1人選任してもらいます。

⑧ 屋外避難者がいれば、そのなかからも代表者を選任するようにします。

【参考】避難者1人あたりの必要面積

時　期	最低面積	最低面積が必要な理由
災害直後	1㎡／人	被災直後、座った状態での1人あたりの最低必要面積
1晩目以降	2㎡／人	1人あたりの就寝可能な面積
安定期以降	3㎡／人	避難生活が長期化し、荷物置き場を含めた場合の必要面積

注意事項
- 避難者収容スペースに余裕がある場合は、上の限りではありません。
- あまりに荷物置き場が広すぎると、持ち込む荷物量が増え、定期移動等の際に、避難者の理解を得られにくくなります。

4．遺体の対応

できるだけ遺体は受け入れませんが、受け入れた場合は死亡者に関する情報をメモしておくようにします。

① 避難所内に遺体を受け入れないことを原則とします。

② やむを得ないときは、遺体の一時受け入れを行います。

③ 遺体を受け入れる場所は、避難者受け入れの場所とは別とします。

④ 遺体を受け入れた場合は、行政側の責任者の派遣を要請します。

⑤ 行政の遺体担当者が未着の場合、死亡者の氏名、年齢、性別、住所、搬送者の氏名、搬送時刻、遺体のあった場所、遺族の連絡先などのメモを遺体の上に置きます。また、身元不明の場合は、遺体の所持品等を整理しておくようにします。

⑥ 遺体を収容した場所には、遺体搬出後もできるだけ避難者を入れないようにします。

体験談　初期のころ

　被災したそのときから、いろいろな面でもう試練の連続でした。とにかく食べるにしても何にしても、あしたがどうなるか全然わからない状況でしたね。

　わが家は避難所の近くでした。運よく難を逃れて大丈夫でしたが、被災してから1か月間ずっと避難所に泊まり込みでいました。家族に安否も知らせませんでした。家族もなんとなくわかっていたみたいです。公民館が流されましたから、もうだめだと思ってたらしいですけど（笑）。家族の安否もそうですけど、そのうちわかるだろうと思っておりました。家族のことは気がかりでしたが、目の前にたくさんの被災者がいたので、その人たちへの対応で精いっぱいでした。家族の安否がわかったのは1週間近くしてからです。

　近くの学校に500人以上、避難していました。1週間以上はずっと本部の机にうつぶして寝ていました。横になっても毛布などもなくて。体育館は床ですから冷たいんです。ストーブもありません。本部の机の上にずっと寝ていました。

　ダンボールなんかが入ってきたのは1週間ぐらいあとでした。いろいろな支援物資、毛布とかもそのときは入ってきても、1人1枚までいかなかったです。初めの1週間は本当に大変でした。

（宮城県、東日本大震災における公民館職員の体験談）

5．避難者名簿

全員が名簿登録に協力するよう周知し、名簿の取り扱いには注意します。

☞様式1-⑩、2-②（p. 139、150）

(1) 避難者名簿の登録

① 避難所の各種サービスの提供は、避難者数を基礎としているので、名簿班は、避難者が名簿への登録について必ず協力するよう周知します。

② 名簿班は、名簿をできるだけ避難者の世帯単位に登録することとし、各世帯の代表者に記入してもらうようにします。

③ 名簿班は、できるだけ避難者の構成（年齢、要援護者等）、人員を把握します。

④ 名簿作成は、プライバシー保護を図りながら正確性を確保するように努めます。

⑤ 新たな避難者があるときは、名簿に登録してもらいます。

⑥ 屋外避難者に対しても、名簿の登録について協力を求めます。

⑦ 在宅被災者も、避難所からの食料等の救援物資の確保が必要な場合には、名簿に登録してもらいます。

⑧ 避難者名簿の作成にあたって、パソコンなどを使うと、作業やその後の修正などが迅速に行えます。

(2) 避難者名簿の管理等

① 名簿班は、避難者が名簿の公開を望んだときは、避難者の住所・氏名を掲載した避難者名簿と同じ内容の名簿をコピーなどし、各組の代表者に配付します。その際、名簿班は、個人情報の保護の観点から、各組の代表者が名簿の取り扱いに注意するよう周知を徹底します。

② 名簿の集計結果を災害対策本部に報告します。

③ 名簿班は、避難している数を把握し、総務班・食料班・物資班に連絡します。また、運営委員会においても、名簿登録者数や退所者数を毎日確認します。

④ 避難者が退所するときは、退出日と転出先を名簿班に提出します。その際、退所者が、転出先においても引き続き食料等の救援物資が必要な場合は、その旨を記録します。

⑤ 名簿班は、避難者の一時外出については、外泊届に外泊期間、同行者、緊急連絡（宿泊）先等を記載するよう求めます（☞様式1-⑰（p. 145））。

⑥ 退所者の名簿は、後日必要となることもあるので保存しておきます。

6. 避難所共通理解ルール

快適な共同生活をするためには、さまざまなルールが必要となります。

☞様式1-⑤、2-① (p. 134、149)

① 避難所での生活を少しでも過ごしやすくするため、避難所の共通理解ルールをつくり、避難所の出入り口など、目立つ場所に掲示します。なお、共通理解ルールについては、避難者の意見をできるだけ反映させ、修正の必要性が生じれば、適宜避難所運営委員会で討議し、変更するようにします。

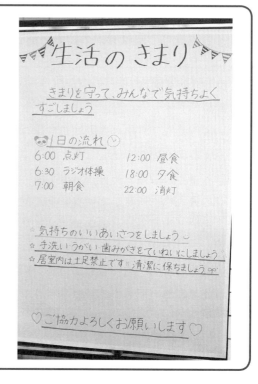

② コピーなどができない場合は、板書などの方法で内容の周知を行います。

③ 施設内は、火気の使用を原則禁止します。

④ 施設が危険な場合は避難者を屋外へ避難させます。また、緊急車両の通行確保のため、原則として避難所への自家用車の乗り入れは規制します。

体験談 すべての人に仕事を

　初めのころ、おばあさんたちが横になって、なかなか動かなくなってしまったので、このままではまずい、何か仕事を与えたほうがいいと思って、まず裁縫からやってもらい、その次は廊下拭きとかをお願いしました。とても感心したのは、下駄箱もスリッパも毎朝、全部きれいに拭いているんです。ただ困ったのは、朝の4時5時に起きて掃除が始まるんですよ（笑）。少し眠たいけれども、これだけはどうしようもない。お年寄りは朝が早いですからね。だから常にガラスもぴかぴか、スリッパもぴかぴか。

　仕事は手分けして、避難者全員に何か1つでも仕事をしてもらうようにしました。お年寄りも自分も人の役に立っているんだという気持ちになったと、あとから言われました。

（大船渡市、東日本大震災における
公民館職員の体験談）

7．さまざまな避難者への対応

避難者には、特別な支援が必要な人もいます。

(1)　高齢者、障がい者等への支援

① 救護班は総務班と連携し、避難者の障がいの程度や体力、病状などの状況を判断し、避難所での生活が困難な人については、福祉避難所または社会福祉施設など、適切な施設へ移動させるよう福祉部内の行政職員に働きかけます。また、民生委員や福祉事務所などと連絡、連携を密にすることも重要です。

② 介護を必要とする高齢者、障がい者などの要援護者について、避難所内の和室などに専用スペースを設け、間仕切り板の設置によるプライバシーの確保、簡易ベッド、障がい者用仮設トイレ、車椅子などの設置に努めます。

③ 避難者に負傷者が多いときは、災害対策本部に医師の手配を要請します。

④ 救護班は、要援護者をケアするために専門職員の派遣を要請します。

⑤ 物資班は、仮設トイレの設置にあたって、視覚障がい者の利用に配慮し、最低1基は壁沿いに配置し、救護班は視覚障がい者へ周知します。

⑥ 連絡・広報班は、視覚障がい者、聴覚障がい者等への情報伝達手段の確保について配慮します。

⑦ 救護班は、必要に応じて、ボランティアの支援を求めます。

(2)　子どもたちへの対応

① 救護班は、地域の（子ども会などの）住民に協力を求め、避難した子どもたちの保育・活動の支援を行います。

② 救護班は、避難所において、子どもたち自身が避難所のスタッフとして力を発揮できるように支援することも視野に入れます。

③ 可能であれば、子どもの遊び部屋を確保し、夜間は勉強室として利用できるように配慮します。

④ 救護班は、子どもの心のケアに配慮するようにします。

(3) 外国人への対応

① 救護班は、日本語が不自由な外国人避難者がいる場合は、避難所内または地域内に通訳のできる人がいるか確認し、いれば通訳を依頼します。いなければ、救護班は行政担当者に対し、災害対策本部または地域ボランティアセンターへ連絡して通訳ボランティアなどを派遣するよう求めます。

② それぞれの運営班は、外国人への災害情報、物資・食料等の提供について、その手段や方法などに配慮します。

(4) 屋外避難者への対応

① 公民館の敷地内には、車中で寝泊まりしたり、テントで寝泊まりする人たちがいる場合もあります。館内・館外を区別せず、お互いに、連携・協力し合って対応していきましょう。

② 救護班は、公民館の敷地内に車中泊者がいる場合は、エコノミークラス症候群の予防を図ります。

体験談　日ごろから備えを

　避難所になったときは、備蓄食料も毛布も、何もありませんでした。震災後は配備されましたが、とにかくそういうものが事前にあればよかったと思います。避難所になったとき、公民館の倉庫に眠っていた昔のかび臭い布団とか座布団、旧タイプの使っていないストーブなど、ありとあらゆるものを全部使いました。

　運動会とかの景品で残っていた洗剤など、さまざまなものを倉庫から出して使ったので、そういう意味で備蓄品をきちんと、どんなことがあってもある程度の量を確保しておくことが必要だと思いました。最低3日ぐらい過ごせるくらいは必要ですね。

（気仙沼市、東日本大震災における公民館職員の体験談）

8. 情報の提供

正しい情報を、避難者全員が共有できるように努めます。

(1) 情報の収集

① 大きな災害発生後は、全く根拠のないデマが発生することがあります。災害で冷静さを失っていると、普段は気にならないデマでも不安になるものです。ラジオやテレビ、災害対策本部などで、正しい確かな情報を得るように心がけます。人から伝え聞いた話などは、落ち着いて冷静に判断することが大切です。

② 避難指示等の発令状況をはじめとして、できるだけ多くの情報を迅速かつ正確に収集します。

③ 場合によっては、定期的に役所まで出向いて、公開されている情報を収集します。また、災害対策本部、ボランティアセンター等に対し、情報を避難所に流すよう依頼します。

④ 避難者に対して、安否、医療・救護、水・食料、生活物資、長期受け入れ施設、余震、天候、風呂の開設、教育、生活再建などの情報を提供します。

⑤ 連絡・広報班は、テレビ・ラジオ・新聞などの情報を、分担して収集します。

⑥ 口コミによる情報は、連絡・広報班の担当者が実際に確認したものだけを広報します。

MEMO

避難者が必要とする情報は、時間の経過とともに変わっていきます。阪神・淡路大震災の「被災者」に対する神戸新聞（1995年5月24日付）のアンケート結果では、次のようになっています。

（1月17日〔当日〕）　①被害情報、②安否情報、③交通情報、④生活情報、⑤避難情報
（1月18日）　　　　　①被害情報、②安否情報、③交通情報、④生活情報、⑤医療情報
（1月19日〜31日）　　①ライフライン、②交通情報、③生活情報、④安否情報、⑤行政情報
（2月1日〜3月31日）　①ライフライン、②交通情報、③行政情報、④ボランティア情報、
　　　　　　　　　　　⑤余震情報

それぞれの人が必要とする情報は違いますので、避難者が今どんな情報を必要としているか、耳をよく傾けましょう。

(2) 情報の周知等

① 連絡・広報班を中心に、収集した情報を整理し、必要な情報は、館内放送や掲示板など、あらゆる手段を用いて避難者へ提供します。

② 連絡・広報班は、掲示板に委員会で決定された事項を掲示し、避難者同士が情報交換できる「伝言板コーナー」を設置します。

③ 特に災害直後は、避難者が不安になっています。その原因として正しい情報の不足がありますので、情報をたくさん集めて、意識して多く掲示したいものです。

④ 情報を口頭で伝えることはなるべく避け、メモや紙で掲示します。内容を何度でも確かめることができ、情報の行き違いを防ぐためです。

⑤ 避難者へは、定期的に掲示板を見るように呼びかけます。特に重要な項目については、各組の代表者などを通じて、口頭でも伝達します。

⑥ 連絡・広報班は、掲示板に掲載する情報には必ず、掲載開始日時を掲載し、いつの時点の情報なのかを明確にします。

⑦ 連絡・広報班は物資班と連携し、一般の情報を提供する手段として、避難所の部屋ごとにテレビやラジオを設置できるよう努めます。

⑧ 長期受け入れ施設の応募、自力再建などに関する情報伝達、資料配付などについては、迅速かつ的確に行います。

⑨ 連絡・広報班は、不用となった情報も記録、整理して保管するようにします。

MEMO 阪神・淡路大震災の情報提供例

　被災地の現状に合った生活情報・災害情報を提供するため、兵庫県に被災者支援専門のFM放送局の免許を臨時に与えました。

　地元の神戸新聞社では、本社が災害を受けたものの、他の新聞社の協力で一日も休まずに新聞を発行し、生活関連情報を提供。さらに、ミニ新聞も地域ごとに週１、２回発行し、きめの細かい情報サービスをおこないました。

9．トイレ

状況に応じた安全・快適なトイレ環境をつくることが重要です。

(1)　水洗トイレが使えない

　水洗トイレは、基本的には下水道または浄化槽につながっています。水がなければ大小便は流れていきません。水が確保できたとしても、排水設備が損壊すれば、水洗トイレは使えません。電気が止まれば、断水したり大小便を処理する汚水処理施設が適切に機能しなくなります。このように、いずれかの要因やそれらが複合的に重なることにより、被災地でのトイレ環境は厳しい状況下に置かれます。

　トイレ環境の悪化は、大きく二つの問題を引き起こします。一つは、衛生問題です。し尿を衛生的に処理することが困難となり、感染症の蔓延につながることが危惧されます。二つめは、健康問題です。私たちはトイレが快適でないと、トイレに行く回数を減らそうとして水分や食事の摂取を控えがちです。そうすると、脱水症状となり免疫力が低下し、インフルエンザや胃腸炎等の感染症などにもかかりやすくなります。また、尿路感染症、腎不全、肺塞栓等の危険性もあります。

　このように、トイレは生きるためのライフラインであり、トイレ対策は命にかかわる重要な課題なのです。

(2)　水洗トイレが使えないときの対応

　大地震がおきると、停電、断水、排水管の損傷、下水処理場やし尿処理場等への深刻な被害が想定されます。建築設備の状況によって異なりますが、停電により給水ポンプが稼働しない場合においても、トイレは使用不可となります。つまり、水が断たれると水洗トイレはただの器となってしまいます。その場合、工事現場等で使用されるような仮設トイレが調達される場合が多いのですが、道路事情等により、数日間は届かない場合がほとん

どです。以下に、屋内の水洗トイレが機能しなくなった場合の対処方法を整理します。

① 断水しているが、周囲に水がある場合

東日本大震災では、プールの水や雨水を確保できた場合、その水をトイレの流し水として活用していたことが確認されています。排水管や汚水処理施設が機能していることが前提となりますが、周辺の川やプールの水、雨水を確保できた場合、その水をトイレの流し水として活用することで、その場をしのぐことができます。その際には、漏水やマンホール等からのオーバーフローに十分注意しながら使用することが求められます。また、プールにがれきやヘドロなどが流入することで汚染され、不衛生になっていないかどうかの確認も重要です。発電機と揚水ポンプで水を移せるとよいのですが、このような設備がない場合は、多くの方々が力を合わせて、バケツリレー等で対応することが必要となります。トイレ付近に貯水するための水槽も必要です。避難所となる施設に設置してある水洗トイレの多くは、1回あたりに6〜10リットル程度の洗浄水量が必要となります。この量を確保することは容易でないため、いつもより少ない水で流すことになります。そのために使用済みトイレットペーパーは、詰まり防止や汚水処理施設への負荷を減らすために、便器に流さず別の袋に入れて、回収されるまで保管することが望ましいです。

② 断水し、全く水がない場合

災害用トイレを備えていなければ、仮設トイレが設置されるまでは、ビニール袋を活用して排せつするなどの対応が必要となります。

洋式便器がある場合は、便器にビニール袋をかぶせて固定し、さらにもう1枚袋をかぶせます。そのなかに新聞紙や吸水シート等を敷いて排せつ後、内側の袋だけ取り出し、密封して保管します。その際に、消臭剤等で臭気対策をすることが望まれます。ビニール袋と新聞紙等を用いた緊急用トイレのつくり方を次ページのイラストで紹介します。ただし、この方法はあくまで緊急対応です。便袋と吸水シートや凝固剤がセットされていて大小便の水分を安定化させることができる携帯トイレが製品化されているので、次ページの写真のような携帯トイレを備えておくことが必要です。

水がない場合は、トイレを掃除することも困難です。その際は、床に新聞紙を敷いて、汚れたら取り替えることが効果的です。

公民館等に備蓄する場合は、簡易トイレを検討することも必要です。災害用トイレにはさまざまなタイプがあるため、メリット・デメリットを把握して、適切なものを選んでください。詳細は災害用トイレガイド（ウェブサイト：https://www.toilet.or.jp/toilet-guide/）を参考にしてください。

断水が解消されたとしても、排水管や汚水処理施設にトラブルがある場合は、水洗トイレは使えません。実際に、東日本大震災においては、給水設備が復旧しているにもかかわ

緊急用トイレのつくり方

① 便器にビニール袋を
二重にかぶせる

② 新聞紙を広げて、ビニー
ル袋の底に敷く
（おむつやペットシート等
だとなおよい）

③ 短冊状に切った新聞紙を
丸めて入れる

④ 用を済ませる

⑤ 1枚めのビニール袋は、
空気を抜いて丸めてしぼる

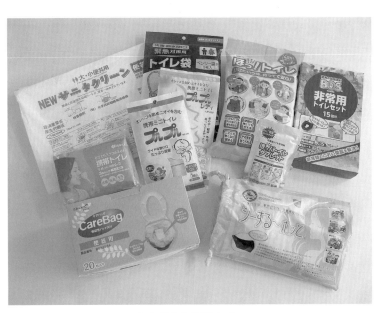

さまざまな携帯トイレ
写真提供：NPO法人日本トイレ研究所

第2部 避難所としての対応マニュアル

さまざまな簡易トイレ
写真提供：NPO法人日本トイレ研究所

らず、汚水処理設備が回復していないため、約1か月半を過ぎても、屋外の仮設トイレを使用していた場所もありました。

(3) 避難所でのトイレ使用・管理の心得

　排せつを我慢し、水分摂取を控えると脱水症状になり、体力低下などによりインフルエンザ等にも感染しやすくなります。脱水、尿路感染症（膀胱炎等）、循環不全等の危険性もあります。また、新潟県中越地震においては、トイレに行くことが嫌で水分を控えることでおこる脱水に加え、ストレスや窮屈な生活により血栓ができ、エコノミークラス症候群で死にいたるケースも少なくありませんでした。なお、男性担当者のみでトイレ対策を実施すると、女性が意見を言いにくいことも考えられますので、男性と女性の両方で実行することが必要です。

　以下のポイントに留意し、誰もが安心して行くことのできるトイレ環境をつくることが大切です。

【トイレ環境づくりのポイント】

① トイレを我慢しない

② 水分や食事をしっかりとる

③ 高齢者に声をかけてトイレに付き添う

④ 建物内のトイレは、高齢者、障がい者、女性、子どもを優先とする

⑤ 人工肛門等の方々やおむつ交換に対応したスペースを確保する

⑥ 外国人にも配慮し、使用方法等を掲示する

⑦　感染症に配慮したトイレ掃除を徹底し、清潔で安心できる明るいトイレ環境をつくる

⑧　子どもが行きやすいようトイレに楽しいイラスト等を掲示する

　　（写真：子どもと一緒にトイレにメッセージを張る）

⑷　仮設トイレの改善策を考える

　　緊急対応として屋外に設置する仮設トイレについて、特に、高齢者、障がい者、子どもや女性等に配慮したトイレ対策が重要です。これらのトイレは照明がないため子どもや女性は夜に行くのが怖い、高齢者にとっては段差があるので使いづらい、ほとんどが和式なので使いづらい、余震で揺れると便槽のし尿が混ざるので臭いなど、多くの課題を抱えています。以下に、改善のポイントを示します。

【仮設トイレ改善のポイント】

①　トイレを調達する場合は和洋式を考慮し、汲み取り依頼も同時に検討する

② トイレは、汲み取りしやすく、安全面も考慮して人目に付きやすい場所に設置する

③ 段差解消のための仮設スロープや手すりを検討する

④ 夜間でも使いやすいように照明を設置する（汚れ防止にもなる）

⑤ ブース内や便槽内の消臭剤を調達する

⑥ 生理用品や使用済みトイレットペーパー分別ボックスを配置する（前ページの写真）

⑦ 手指消毒液、手洗い水を設置する

⑧ トイレ清掃、汚れ防止、消毒を徹底する体制を検討する

（5）今後の課題

　災害時には、災害用トイレの種類や用途を把握し、それらを適切に調達・配備・管理することが必要です。また、時間とともに変化する避難所のインフラ状況や被災者ニーズをふまえ、臨機応変にトイレ対策を講じることが求められます。これらは、避難者の健康を維持し、衛生環境を保つうえで重要です。しかし、現状ではこれらを適切に実践できる人材は少ないと考えられます。そのため、現場では手探り状態で取り組んでいるのが実態です。

　平素から、災害時のトイレ対策に必要な知識と技術を体系的に整理し、防災トイレ計画（Disaster Toilet Plan）を作成すると同時に、関係分野の方々と連携しながら、災害時に対応できる人材を育成しておくことが必要です。

（NPO法人日本トイレ研究所　代表理事　加藤　篤）

 **大変だったトイレ対応**

　こちらの公民館ではトイレが一番大変でした。ここは水洗トイレで、水がストップして、排せつ物がみんないっぱいになってしまって流れなくなって。それで職員と掃除のおばさんとかと一緒に取って、場所を決めて、そこに入れるような、運ぶ作業をしました。かなり大変でした。皆さん、流れないと知っていてもやってしまいます。やっぱり出るものは出るので。外でやるわけにはいかなかったので、トイレでやっていました。でも、いっぱいになったので、その都度取る。一日３回、４回ぐらい取るような作業がありました。ここはトイレが結構多いんです。全部で７、８か所あって、その全部のトイレから取り出したので。それをバケツに入れて。そのまま流れないので。結局、最初にした人、また次の人がやるので、もう便器のところから山盛りにあふれているんです。それを全部、取るのです。扉のカギを閉めたりして使わせないようにすると、結局、今度は上からこう入ってやっていたりとか。

　仮設トイレが来るまでの間は、どうしようもないからそこでやってもらってました。仮設トイレが来たのが５日目かな。それまでは、今あるところにしてもらったものを職員が取るという感じだったんです。結構臭いがあったので、一番それが大変でした。

（宮城県、東日本大震災における公民館職員の体験談）

10. ライフラインの確保

> ライフラインの被害状況を把握し、早急に代替手段による確保に努めます。

※ライフラインとは、一般的には、電気、ガス、水道、電話の４つを指します。

① 建物が無事でも、ライフラインが止まっていては、避難所での生活に支障をきたすので、物資班を中心に確保に努めます。

② 電気、ガス、水道、電話の確認を行います。

③ 電気が使えない場合、発電機などの確保に努めます。電気はライフラインのなかで一番早く復旧しますが、壊れたり、水にぬれた電化製品は発火のおそれがありますので、安全とわかるまでは使わないようにします。

④ ガスは、持ち運びできるカセットコンロが便利ですが、取り扱いには注意しましょう。ガスは復旧に一番時間がかかります。

⑤ 断水の場合は給水地点を確認し、避難者の協力を得て飲料水や生活用水を確保するようにします（飲料水としては、１人あたり１日３リットルの水を最低限の目安とします）。また、近隣に井戸などの水場を探します。

⑥ 電話は、災害直後には全国から殺到し、回線の容量をオーバーするため、通話が規制されます。携帯電話はほぼ使えないと考えてよいでしょう。グリーンやグレーの公衆電話（赤やピンクは×）は災害時優先電話に指定されているので、比較的かかりやすくなっています。ただし、停電していると、カードや100円玉は使えず、10円玉しか使えません。

「平成16年（2004年）７月福井豪雨」によって倒壊した鯖江市の上河内公民館

MEMO

- 発電機を稼働させるには、燃料のほか、水が必要です。燃料も、その機械によって異なりますので、事前の備えが必要です。

- 公衆電話は、災害時には一部の地域でお金を入れなくても通話できます。無料化されていれば、通話後10円玉は戻ってきます。

- 公衆電話で10円玉を入れて通話する場合、10円玉1,000個で満杯になり、通話できなくなります。また、災害時には遠方への電話が多くなるうえに、公衆電話の料金回収も来ず、すぐに満杯になりますので、注意しましょう。

- 携帯電話の普及で、公衆電話の数が少なくなっています。あらかじめ設置場所を確認しておきましょう。

- 災害直後は、携帯電話はほとんどつながりませんが、携帯のメールなどは比較的つながりやすいようです。

- 携帯電話各社が、災害時に携帯電話で安否確認できる災害用伝言サービスを提供しています。携帯の電話番号1つにつき、10件のメッセージを登録することができます。

　また、NTTの災害用伝言ダイヤル「171」サービスは、伝言1件あたり30秒間で、48時間保存され、被災地以外からでも聞くことができます。

　この災害用伝言ダイヤルは、171にダイヤルし、音声ガイダンスに従って操作すれば簡単に利用できます。毎月1日に、使い方の練習ができるようになっています。

体験談 　雨水を貯めて水を確保

- 地震後3日目くらいに雨が降りました。そのとき、総出でありったけの器を外に並べて、雨水を貯めました。この水を、トイレを流す水に使ったりしました。

- 携帯電話は全く役に立ちませんでした。公衆電話のほうがつながりやすく、公民館の公衆電話に多くの人が並びました。

（阪神・淡路大震災における公民館職員の体験談）

ライフラインの復旧日数

地 震 名	電 気	ガ ス	水 道	電 話
宮城県沖地震	2日	27日	9日	7日
釧路沖地震	1日	23日	6日	1日
北海道南西沖地震	10日	15日[※1]	16日	1日
阪神・淡路大震災	6日	85日	90日[※2]	14日[※3]

※1：長万部町の都市ガスの復旧日数、※2：神戸市の復旧日数、※3：倒壊家屋によるものは除く。　　　　　　　　　　　　　　　　　（東京消防庁「職場の地震対策」より）

避難所内で使用する水の分類

	飲料水・調理用	手洗い・歯磨き用	風呂用・洗濯用	トイレ用
飲料水（ペットボトル）	◎	○	―	―
給水車の水	◎	◎	○	○
ろ過水	△	◎	○	○
プール・河川の水	×	×	×	◎

◎：最適な使用方法、○：使用可、△：やむを得ない場合のみ使用可、×：使用不可

体 験 談 ## 燃料（ガソリン・灯油）の確保を！

　東日本大震災がおこって、いろいろ困ったことはたくさんありましたが、特にガソリンがなくなったことはとても困りました。車があってもガソリンがないので動かすこともできず、たまに近所のガソリンスタンドで半日以上も待ってようやくガソリンが給油できるといった状況で、避難物資をみんなで歩いて運ぶこともありました。

　こんなときのために、近隣のガソリンスタンドと協定を結んでおくことが大切だと思いました。　　　　　　　　　　　　（宮城県、東日本大震災における公民館職員の体験談）

11. 食料・救援物資などの管理、配給

食料は公平に分けることに心がけ、生活用品はこまめに在庫チェックします。

☞ 様式 1 − ⑫、⑬、2 − ③ （p. 141、142、150）

(1) 避難所の備蓄物資、食料などの配給

① 物資班は、備蓄食料、水、トイレットペーパー等の状態を確認します。

② 物資班や食料班は、物資、食料の配給を迅速かつ公平に行うため、原則として組ごとに行い、その日時はあらかじめ決めておき、掲示板等で周知します。

③ 物資班や食料班は、特別な配給をする場合は、委員会の理解と協力を得てから行うこととし、ミルク・おむつなど特別な要望については個別に対処します。

④ 災害対策本部から依頼された場合に限り、避難者以外の近隣の人にも等しく物資を配給し、配給場所、時間などの連絡は避難所内の掲示板に掲載するようにします。

⑤ 大きな災害の場合、行政からの物資や食料などの配給は、災害救助法に基づき行うので、災害救助法による救助の程度、方法および期間を、行政担当者は災害対策本部に確認しておきます。

⑥ 食料、水の配給は、公平性を確保してから行うようにします。

⑦ 物資はなるべく見えるところに置きます。また明確に区別しておきます。なかには自分のものと主張する人も出てくるからです。

体 験 談　全く足りなかった物資

　避難所運営にあたっては物資が、当初は全然足りませんでした。食料等は次の日ぐらいから、おにぎり、パン程度は来るようになりました。しかし、その日の夜をしのぐ分のいろいろな物品、特に当時は寒かったものですから、毛布類といったものが足りなかったです。

　毛布類はあったのですが、それを1階部分に置いていましたので、津波でダメでした。寒いので、全部カーテンを取ったり、舞台の幕を全部おろして、それにくるまっていたというのが実状です。

（宮城県、東日本大震災における公民館職員の体験談）

【避難者への物資・食料・水などの分配方針に関する伝達文（案）】

① 物資・食料・水などは公平に分配します。

② 数量が不足する物資などは、その物資などの内容を問わず高齢者・障がい者、子ども、大人の順に配分します。

③ 物資の配付は、各居住組の代表者の方にお渡ししますので、各組内で分配するようにしてください。

④ 物資などの配付は、原則毎日＿＿時ごろに、場所は＿＿で物資班が配付します。秩序を保って、物資班の指示に従い、受け取ってください。

⑤ 配付する物資などの内容、数量は、その都度構内放送などで避難者へ伝達します。

⑥ 各自必要な物資などは、避難所運営組織本部の物資窓口に申し込んでください。在庫がある物はその場でお渡しします。在庫のない物は本部へ要請しますので、入ったかどうか各自で窓口へ確認しにきてください。

 **はっきり言うことが大切**

・避難者が高齢者で、弁当に肉類が多くて食べ残しが多かった。また、毎回同じような弁当ばかりだった。外国人避難者も多かったが、食べない人が多かった。

・不安・不満・その他いろいろ出たが、避難所であることをきちんと認識してもらい、食事、飲み物、その他必要な物は各自で調達するようはっきり言ったほうがよい。避難所なのに、何でも提供・援助してもらえると思っている人がいた。

（福岡市、福岡県西方沖地震における公民館長の体験談）

(2) 不足物資、食料などの要請

物資班、食料班は、不足物資、食料などの内容、数量をとりまとめ、行政担当者への要請にあたっては、余剰物資が発生しないよう注意します。

 **温かい食事は喜ばれる**

公民館施設の調理室を利用して、温かい食事（弁当の余りでおかゆを作り、おかずをまとめて煮なおし、差し入れ材料でお汁）を提供したことは、大変喜ばれた。温かいものはホッとするようだ。これは他の避難所ではできなかった。職員の手間ひまがかかって大変だったが、結果的にやってよかったと思う。　　　　　（十日町市、新潟県中越地震における公民館職員の体験談）

(3) 食料の管理等

① 食料班は、食料については数量を確認し、各組の代表者を通じて、速やかに避難者

へ配付します。

② 物資班は、夏季など気温が高い時期は、腐敗など食品の衛生管理には十分注意を払います。

③ 食料班は、飲料水は衛生上の観点から、びん・缶詰などの保存用のものや、ペットボトルなどを優先して使用します。水害で冠水した受水槽や井戸は使用しません。

④ 食料班は、高齢者や障がい者など、特別なニーズのある人には、個別に対処することに努めます。

⑤ 食料、水の安定的な供給ができるようになったら、食料班、物資班、総務班が協議して、洗顔、洗髪などの生活用水の確保に努めます。また、生活用水の保管や利用方法についても検討します。

※これらが使用できないときは、給水車からの給水、ろ過した水等を用います。

MEMO

　大きな災害時には、カップラーメン、レトルト（インスタント）食品、カンパンなどより、すぐに食べられる缶詰や、水やお湯がなくても食べられるものをそろえておくとよいでしょう。

　水やお湯がなければカップラーメン、レトルト食品は食べられませんし、飲み物がなければカンパンやクラッカーは口の中がモソモソして非常に食べづらいものです。

(4) 救援物資の管理

① 物資の受け入れに伴う作業や、物資の保管・管理は、避難所にとってかなりの負担となります。要請にあたっては余剰物資が発生しないよう注意します。

② 救援物資は、食料品、男性衣類、女性衣類、子ども衣類、生活用品、タオル、毛布、紙製品、生理用品、その他に大分類します。

③ 衣類は、防寒着、セーター・トレーナー類、スカート、ズボン、下着、靴下と衣類の種類別に分け、生活用品は石けん、台所洗剤、洗濯洗剤、歯ブラシ、カイロ、乾電池、文房具、書籍、おもちゃ、雨具、カバン、医薬品、電気製品など用途別に中分類します。

④　さらに衣類は、その種類ごとにサイズ別（S・M・L等）に小分類します。

⑤　高齢者や障がい者など、特別なニーズのある人には、個別に対処するよう努めます。

⑥　不要な物資が到着した場合には、受け入れを拒否する場合もあります。

　　ただし、原則として救援物資や義援金は直接公民館で受領せず、災害対策本部を通して受領するようにします。

〔例〕あまりにも受け入れ作業に負担が大きい場合

　　　避難者が希望しない物資

　　　保管や保存がむずかしい物資

⑦　物資・食料は、受け入れた場合に種類や数量を記録し、配布した場合も同様に種類や数量を記録して、在庫の管理を行います。

体　験　談　物資の仕分けが大変

　救援物資の仕分け整理が大変でした。食料を届ける消防団の人たち、物資の整理を手伝う中学生、温かいものを食べてもらおうと炊き出しをしてくれたボランティアの人々、みんな力を合わせてがんばりました。救援物資のなかで汚い古着が多かったので、救援物資は、もらう方のことをもう少し考えてほしいという声がありました。

（新潟県中越地震における公民館職員の体験談）

12. ゴミ対応

避難者各自が責任を持って、ゴミを分別するようにします。

① ゴミ集積場は、運営委員会等で協議のうえ、なるべく屋外の日光の当たらない場所を選び、指定します。衛生班は、指定したゴミ集積場を張り紙などにより避難者へ周知徹底を図ります。

② 避難者は、可燃ゴミ、不燃ゴミなど各自治体の分別方法に従ってゴミを分別し、所定の場所へ整然と置くようにします。

③ 衛生班は、班ごとにゴミ袋を用意します。また、衛生班は行政担当者を通し、ゴミの収集を災害対策本部に要請します。

④ 衛生班は、常設・仮設トイレで出されたゴミについては、特に衛生状態に注意し、場所を指定するようにします。

⑤ 避難所内や空き地での大量のゴミの焼却は、原則禁止するようにします。

13. 新型コロナウイルス感染症対策

新型コロナウイルス感染症の感染状況やガイドラインをふまえて、必要な対応をおこないます。

　大規模災害においては、多くの人が避難所に集まり、「三密にならないように」とは言えない状況となります。

　そのようななかで「新型コロナウイルス」が蔓延してしまうと、より大変な状況になることが予想されます。そうならないためにも、水際で防ぐことが大切です。

　新型コロナウイルスへの対応は、さまざまな状況により国のガイドラインが日々変化しています。最新の情報は「内閣府防災情報のページ」（https://www.bousai.go.jp）に掲載されています。ガイドラインばかりでなく動画などもありますので、ぜひご覧になってください。

※参考
- 新型コロナウイルス感染症対策に配慮した避難所開設・運営訓練ガイドライン（第3版）（抄）（☞p. 173）
- 避難所における新型コロナウイルス感染症への対応　Q＆A〜自治体向け〜（第3版）（抄）（☞p. 175）

14. 防疫（手洗い、風呂、洗濯等）

物資が少ないなかでも、衛生管理には十分に注意を払う必要があります。

(1) 手洗い

① 衛生班は、衛生確保のため、避難者に手洗いを励行するようにし、できれば手洗い所に消毒液を配置します。断水の場合、食中毒防止のため、食べ物を素手で扱うことはできるだけ避けます。

② 衛生班は、消毒液・トイレットペーパーの残量を定期的に把握し、不足しないよう物資班へ依頼します。

(2) 食器

① 衛生確保の観点から、食器はできるだけ紙皿や紙コップを使い捨てとします。

② 食料班は、食器を再利用するときは、各避難者の責任において行うようにします。

③ 水道が断水しているとき、食器を洗うのに洗剤を使うと、大量の水が必要となります。

MEMO

食器にラップフィルムを敷いて使えば、食器を汚さずにくり返し使用できます。
また、汚れた食器はスパゲティやうどんのゆで汁をかけたり、ジャガイモの皮、ミカンなどかんきつ類の皮、紅茶のティーパックやお茶っ葉で拭くとよいでしょう。

(3) 風呂

① 公民館にシャワー、風呂が完備されていないときや水が出ないとき、衛生班は、公共施設、公衆浴場、温泉施設、ホテル、民家、ゴルフ場等の利用可能な風呂情報を提供するようにします。

② 衛生班は、自衛隊等の仮設風呂が利用できるときは、利用計画（入浴の順番や入浴時間など）を作成します。また、災害対策本部と連携し、公衆浴場等への高

新潟県中越地震での自衛隊による仮設風呂

齢者等のバス送迎も検討します。

③　仮設風呂の水は、水道等がなければ自衛隊等がタンクローリーで給水することとなります。また、風呂を沸かす熱源がないときは、電力会社等に対して電気温水器等の提供を依頼することも検討します。ただし、電気容量の確保や排水についても留意します。

④　水がない場合は、ウェットティッシュで体の汚れを落としたり、水のいらないシャンプーなどで工夫をします。

体　験　談

新潟県中越地震で活躍、航空機用除雪車

　2004年10月23日17時56分におきた新潟県中越地震では、ANA（全日本空輸）の航空機用除雪車による「給湯サービス」支援が行われました。

　実際にANAの職員が避難所を訪ね、入浴などに不便を感じている地元の方々の声を確認し、技術検討を経て派遣決定となりました。震度7を記録し、水道やガスの復旧が遅れている北魚沼郡川口町田麦山小学校避難所を中心に、11月15日から「給湯サービス」を開始しました。

　活用した車両は羽田空港に配置されている航空機用除雪車で、6,000リットルの水用タンクと強力なボイラーを積載。ボイラーは250リットルの水を1分間で90℃にすることができます。この「お湯」を適温に調整し、仮設風呂浴槽への給湯、食器洗い用タンクへの給湯のほか、洗濯用、湯たんぽ用等に給湯を行いました。12月15日に31日間の活動を終え、給湯量は延べ15万2,700リットル、仮設風呂の利用者は延べ2,473名でした。　　　　　　　（新潟県中越地震での体験談）

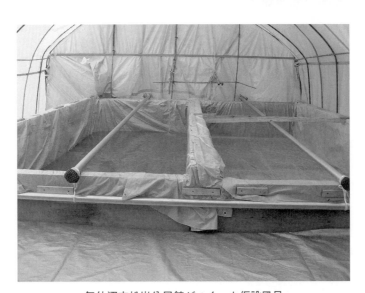

気仙沼市松岩公民館がつくった仮設風呂

(4) 洗濯

① 衛生班は、生活用水が確保できるようになったら、生活用水を供給しやすい場所を選んで、洗濯場や物干し場を確保します。

② 洗濯は、各自が個人でやるようにしますが、衛生班は避難者と相談し、洗濯場、物干し場の利用時間や利用者の順番を公平に決めるようにします。

(5) 体の健康

① 衛生班は、風邪や下痢または発熱など体調を崩している人の有無を、各組の代表者を通じて把握するようにします。

② 衛生班は、避難所生活の長期化に伴う運動量の減少により、全身の機能が低下する廃用性症候群や、トイレの未整備により水分の摂取を控えたことによっておこる脱水症状に注意します。

③ 衛生班は行政担当者と相談し、必要であれば、医師や保健所の応援を求めるようにします。

④ 衛生班は、保健所等が作成した健康管理に関する適当なリーフレットがあれば、避難者に配付します。

⑤ 衛生班は、食中毒や感染症が流行しないように、ゴミ、防疫に注意します。

【データ】公民館で挙がった要望

福岡県西方沖地震で、実際に避難者を受け入れた公民館が94館ありました。その避難者からの要望で、公民館で挙がった要望を、多かった順に紹介します。

1．毛布が早くほしい（46館）

2．マットなどの敷物がほしい（36館）

　※避難者が多い場合などは、講堂等を利用するため、毛布やマットの要望が多く出されました。

3．食事がほしい（17館）

4．冷蔵庫を使わせてほしい（17館）

5．風呂に入りたい（16館）

6．弁当以外の温かい食事がほしい（15館）

7．プライバシーに配慮してほしい（14館）

8．家の片付けを手伝ってほしい（11館）

9．その他

　炊事をしたいので、道具と場所を使いたい（4館）、健康チェックのため体温計がほしい（4館）、湿布薬などの薬がほしい（4館）など

（福岡市「公民館の避難所対応状況アンケート結果について」2005年より）

15. ペット対策

人間とペットが共存するためには、一定のルールを設ける必要があります。

☞ 様式 1 － ⑮、⑯ （p. 144、145）

① 避難所のペットの管理責任は、飼育者にあることを原則とします。

② 飼育場所は屋外の隅など、ペットの鳴き声や臭いが他の避難者の迷惑にならないような所に確保します。しかし、屋内で飼っていた動物がいる場合は、廊下や踊り場などで飼うことも検討します。また、屋外にペット用のテントを張ることも有効なペット対策となります。

③ 衛生班は、避難所にペットを連れてきた避難者に対して、窓口で届け出るよう呼びかけ、「避難所ペット登録台帳」に記載するようにします。

④ 衛生班は、大型動物や危険動物を避難所へ同伴することは断るようにし、行政担当者と相談して、災害対策本部に対応を要請します。

⑤ 衛生班は、ペットの飼育場所を決定し、ペットの飼育ルールとともに、飼育者および避難者へ通知、徹底を図ります。避難者のなかには、ペットに対してアレルギーを持つ人、ペットが苦手な人もいる可能性があるので十分注意します。

⑥ 災害の発生後には、ペットの態度が急変することがありますので、ペットはオリやダンボールなどに入れるか、ひもでつなぐようにします。

⑦ 衛生班は、ペットの救護活動が開始された場合は、その情報を飼育者へ提供し、協力を求めるようにします。

⑧ 「身体障がい者補助犬（盲導犬・介助犬・聴導犬）」は、特別な訓練を受けており、ペットではありません。人と同じ扱いをするのが一般的です。

MEMO

どこの避難所でも、ペットの取り扱いについては苦労するようです。

「今まで家族のように一緒に暮らしていたペットだから、一緒の部屋にしてほしい」という要望がある一方で、動物と一緒に暮らすことが嫌な人もおり、単純にはいかないようです。

基本的には、人の避難場所とペットの飼育場所は別にすべきですが、部屋に余裕があれば、ほかの対応も考えられます。運営委員会などで一定のルールをつくっていく必要があります。

第2部　避難所としての対応マニュアル

16. プライバシーの確保

避難所ではプライバシーがないので、工夫が必要です。

避難所では大勢の人と寝食を共にするため、なかなかプライバシーを確保することができません。人の視線や寝息、夜中にトイレに行く音、子どもの泣き声等、常に人の気配を感じます。

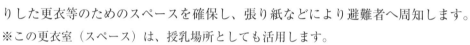

① 避難者の居住地区を中心として各組単位に編成を行い、できればダンボールなどで間仕切りを行うことができるようにします。

② 避難所の組織・ルールが確定したら、できるだけ早い段階でダンボールや毛布などで間仕切りした更衣等のためのスペースを確保し、張り紙などにより避難者へ周知します。
　※この更衣室（スペース）は、授乳場所としても活用します。

③ 避難者以外は、原則として、避難者が寝起きする部屋へは入れないようにします。

④ 避難所への来訪者は、連絡・広報班の受付で避難者の呼び出しを依頼し、所定の来客場または、職員が指定した場所で面会するようにします。

⑤ 郵便物を直接避難者に渡すときは、本人がいることを確認後、郵便局員の避難所の室内への立ち入りを認めるようにしますが、防犯の観点から受付に一言声をかけてもらうよう、協力をお願いします。

体験談　初期段階での部屋割りが大切

公民館へ避難した人たちの部屋割りを最初に決めなかったものですから、カウンターの後ろとか、ちょっと空いてるスペースを自分たちの家みたいにして勝手に使っている方もいました。ちょうど入り組んだ形状になっているので、陰のところがたくさんあるのです。そういうところがちょうどいいということで使っていたり、あとは和室に住んでいる方は柱に自分の表札を掲げたりしている方もいました。そんなふうに、既得権益みたいに居座ってしまって、困りました。

（宮城県、東日本大震災における公民館職員の体験談）

17. 秩序維持

> ストレスを軽減するためにも、トラブルを未然に防ぎます。

① 総務班は、避難所内の秩序を維持するため、腕章を付けて、定期的に建物の内外を巡回するようにします。

② 避難所内でトラブルが発生したとき、次の点に注意して速やかに対応するようにします。

- トラブルを見つけたら、自分から声をかけます。
- 相手の言い分をよく聞くようにします。
- あくまでも冷静、論理的に説明します。
- できること、できないことを明確にします。
- 納得するまで説明します。

③ トラブルを解決できないときは、避難者から信頼を置かれている人物がリーダーシップをとるようにします。

④ 巡回等により、施設内に不審者がいると判断したら、避難者に盗難等への注意を呼びかけます。

⑤ 災害対策本部に定期的な警察官のパトロール立ち寄りを依頼します。また、必要に応じて、消防団や自主防災組織との連携を図ります。

体験談　理不尽な要求に対しては

避難所を開設し、被災者を受け入れる際は、避難者は不安感や疲労でストレスを抱え込んでいます。行政への不満を爆発させたり、理不尽な要求も出ますが、職員側はじっくり話を聞き、うまくなだめ、精神的に落ち着いてもらうことが大切です。

（十日町市、新潟県中越地震における公民館職員の体験談）

18. 喫煙場所と火気の管理

喫煙場所は、非喫煙者への影響や火気管理のためにも必要です。

① 喫煙コーナーを設置する場合は、張り紙などにより避難者へ通知します。

② 総務班は、喫煙コーナーに灰皿、消火用水バケツを設置し、吸い殻の処理や清掃は、喫煙者自身で行うことを要請します。

③ 総務班は、特に冬季においては、火災防止のため避難所屋内での石油ストーブなど暖房器具の使用に注意を払うよう、避難者へ周知徹底します。なお、電力が復旧した段階で館内暖房設備がある場合は、これを使用するようにします。

19. 避難所内の清掃、整理整頓

避難者全員が避難所内の清掃をするように心がけます。

① 衛生班は、避難所内の掃除などについて、方法、時間帯、ルールなどを避難者同士で決定し、行うよう要請します。

② 原則として、避難所として利用しているすべての場所は、避難者が自身の手で清掃を行います。

③ 共有部分の清掃は、居住組を単位にして当番をつくり、交代でおこないます。

④ 居住部分は、毎日1回の清掃時間を設け、換気や寝具を整えるなどの簡単な清掃をおこないます。

⑤ 衛生班は、避難所から退所する人には、後に何も残さないようにきちんと清掃していくよう要請します。

体験談 災害に強いまちづくりへ

物質的に失ったものもありますが、得たものもたくさんありました。以前はわがままいっぱいの子どもが、高齢者の手を引いてトイレへ連れて行ってくれたり、フロアを掃除したり、ご飯を運んだりしていました。みんなで助け合おうという気持ちが生まれ、情操教育になったのではないかと思います。こういうことが、これからの災害に対する備えとなり、災害に強いまちづくりの原点になるのではないかと思います。

(新潟県中越地震における公民館長の体験談)

20. 暑さ・寒さ対策

> 暑さ・寒さ対策のため、物資班は避難者の意見を十分聞くようにします。

(1) **暑さ対策**

① 物資班は、毛布に代わる寝具としてタオルケットを用意したり、扇風機、網戸の設置や防虫剤の配布などを行います。

② 夏季高温期の食品衛生を確保するため、冷蔵設備、機器の整備を検討します。

(2) **寒さ対策**

① 避難所の床は冷え切っているため、ダンボールを布団の下に敷いたり、新聞紙をたくさん敷きます。体とシャツの間に新聞紙をはさんだり、ポリ袋を体や足にすっぽりかぶると、寒さしのぎになります。また、お湯が手に入るならば、ペットボトルなどにお湯を入れて湯たんぽ代わりにするとよいでしょう。

② 雨にぬれると体温が奪われ、体力がどんどん衰えていきますので、なるべく雨にぬれないように配慮しましょう。

③ 物資班は、可能ならばマスク、帽子、手袋、マフラー、靴下等の衣類や使い捨てカイロを調達します。

体 験 談　発電機でとても苦労

　震災がおきた日はとても寒かったです。雪も降っていました。各公民館にそれぞれ備えつけの発電機がありました。ストーブ、石油ファンヒーター、あとは灯油の備蓄もありました。それを使ってストーブをたいて、寒さしのげたのですが、ただ、ファンヒーターの電源はガソリンの発電機なので、ガソリンの減りが早いんですね。

　なので、職員が一つ20リットルの灯油の携行缶を持ってガソリンスタンドに行って、ポンプで20リットルをくんで、公民館に帰るというくり返しを、一晩中ずっとやっていました。

（宮城県、東日本大震災における公民館職員の体験談）

21. 外部関係団体への連絡・連携

正確・迅速な情報収集と関係団体との連携が重要です。また、電話以外の連絡手段も用意します。

☞様式 1 - ⑧ （p. 137）

① 災害時には、電話が殺到して、電話が不通になることが多くなります。電話不通を想定した、無線機（トランシーバー含む）、単車・自転車等の伝令、インターネット、衛星通信等の多様な手段による連絡体制確立に努めます。

② 事前に非常災害救援協定を結んでいた公民館、関係（類似）施設、公民館連合会等の団体と連絡をとり、協力を求めます。

③ 災害時には、情報収集・的確な指示を円滑に行うことが大切です。いかに早く、正確な情報を集める方法を築くかが重要なポイントです。

④ 災害対策本部が避難所の状況を把握できるようにするために、避難所の状況などをFAX、電話、伝令などの方法により、確実に報告します。

☞様式 1 - ⑪、⑫、2 - ④ （p. 140、141、151）

⑤ 電話の場合は常にメモをとるなどして、連絡事項が記録されるように配慮します。

【第1報で大切なこと】
- 避難所の受信可能手段を記入する。
- 地域の被害状況（建物、ライフライン、火災発生状況など）、人命救助の要否（人数、負傷の状況、救助の必要性など）などを記入する。

【第2報で大切なこと】
- 第2報では、避難者が増加しているか否か、受け入れ能力を超えているか否かについても報告する。
- 必要物資等の報告をする。
- 人的被害の状況についても記入する。

【第3報以降で大切なこと】
- 報告内容は、第2報と同様とする。
- 避難所を閉鎖したときは、時間を記入して報告する。

22. 電話による問い合わせ等への対応

電話による問い合わせは避難者に伝え、避難者から連絡してもらいます。

① 連絡・広報班は、電話による問い合わせがあったときは、避難者名簿と照合します。

② 電話による問い合わせがあったことは、放送・掲示等により伝え、避難者から改めて連絡してもらう方法を原則とし、受信状態のままで呼び出しをしないようにします。

③ 電話での問い合わせによる他の避難者への迷惑を最小限度にとどめるために、呼び出しなどは時間を定めて行うようにします。

④ 避難所内の電話はできれば受信専用とし、避難者の発信用電話は公衆電話や携帯電話とします。

⑤ 問い合わせ対応者は、受信日時、問い合わせのあった避難者の氏名と住所、問い合わせをしてきた相手の氏名と連絡先を記録するとともに、以下のことも伝えます。

・どなたを捜していますか。捜している人の住所と名前を教えてください。

・ここでは問い合わせがあったことを避難者に伝えるのみで、呼び出しはしません。

・あなた様の連絡先とお名前を教えてください。

・なお、連絡がとれない場合がありますが、それ以上の対応はできませんので、ご理解ください。

⑥ 問い合わせのあった避難者が不在であることも多いので、放送だけではなく、電話受付等のコーナーを設け、掲示もするようにします。

⑦ 避難所への来訪者は、受付で手続きをします。連絡・広報班は、避難者の呼び出しを行い、所定の来客場で面会するようにします。来訪者が少ない場合は、他の避難者と接触しない場所を指定します。

⑧ 郵便物については、宛名と避難者名簿を照合したうえで、呼び出しを行わずに郵便局員が直接避難者に渡すようにします。

⑨ 連絡・広報班は、必要に応じ、携帯電話会社の災害用伝言板の利用を呼びかけます。

23. 避難所でのマスコミ対応

> 取材対応は、避難者のプライバシーに最大限の配慮が必要となります。

☞ 様式1－⑱ (p. 146)

① 個人のプライバシー保護の観点から、情報管理には十分配慮し、発表項目についても注意します。

② 基本的には、取材および調査に対しては、代表者が対応します。

③ 取材等を行う人には、必ず受付への立ち寄りを求め、「取材者用受付用紙」に記入してもらいます。

④ マスコミなどからの避難者の安否に関する問い合わせについては、避難者名簿に公開を可とした避難者のみの情報を公開します。

⑤ 取材は時間および区域を定めて行うようにし、避難者が寝起きする場所への立ち入り取材は、その部屋の避難者の全員の同意を得るようにします。

⑥ インタビューは、救援活動に支障がない共用スペースで行うようにします。

体験談 マスコミ対応での苦労

　テレビ等で、一部の避難所で「水が足りない」と発言すると、翌日には余るほどの水が届き、大変助かります。

　しかし、その一方で、業者から大量の肉の差し入れがあり、焼き肉を食べている風景が偶然テレビに映された避難所には、各地から電話で、「もう避難所では肉が食べられるのか」「もう救援物資は要らないのか」という小言が。マスコミが救援の足を引っ張っているところもかなりあるようです。

（新潟県中越地震における公民館職員の体験談）

MEMO

　「マスコミ被害」という言葉があるように、初期の混乱時にはマスコミによる自分勝手な取材に迷惑することが多く、マスコミに対する嫌悪感が大きくなるようです。

　しかし、日数が経過すると、だんだん自分たちのことを記事にしてもらえなくなり、災害自体が忘れられてしまいます。そうすると、救援物資が届かなくなったり、自分たちの苦しみが他の地域に伝わらなくなったりするなど、不都合も生じはじめます。

　被災者たちのニーズをきちんと代弁できる記者を被災者自身が育て、マスコミと共通の認識をつくるという努力をしなければ、中長期的にわたる適切な報道はなされません。

第2部　避難所としての対応マニュアル

24. ボランティアの受け入れ、対応

ボランティアに頼りすぎにならないように注意します。ボランティアは、運営委員会等の指示に従った活動をするように徹底します。

☞様式 1 − ⑲ （p. 147）

① 行政担当者は総務班と連携して、避難所運営状況を判断し、被災市区町村に設置される「地域ボランティアセンター」（以下「センター」という。）に対し、避難者の要望に合ったボランティア派遣を要請します。

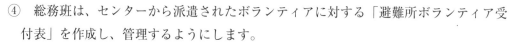

② 総務班は、避難所へ直接来て申し入れがあったボランティアに対しては、センターで受付することを指示します。

③ ボランティアの派遣要請にあたっては、活動内容、必要な人員などをセンターに連絡します。

④ 総務班は、センターから派遣されたボランティアに対する「避難所ボランティア受付表」を作成し、管理するようにします。

⑤ ボランティアを受け入れる際は、運営委員会等の指示に従って行動してもらうことを徹底させます。

⑥ ボランティアの分担する仕事は、原則として以下のような避難生活に関する仕事の支援とし、的確にボランティアの配備を行うこととします。

- 災害・安否・生活情報の収集、伝達への協力
- 老人介護・看護活動の補助、子どもへの対応
- 清掃および防疫活動への応援
- 災害応急対策物資、資材の輸送および配分活動への協力
- 避難所周辺の交通整理
- その他、危険を伴わない軽易な作業への協力
- 手話・筆話・外国語などの情報伝達への支援協力　など

⑦ ボランティアは、センターにおいて持参品や注意事項に関する説明を受けていても、紛失や忘れていることもあるので、注意をするようにします。

　なお、腕章や名札を紛失した者には、目印となる腕章などを必ず渡すようにします。

⑧ 仕事の内容ごとに、リーダーを互選により定めてもらい、仕事の終了時にはリーダーが総務班の担当者に連絡するようにします。

⑨ 各運営班の仕事の支援を依頼しているときは、できるだけ班員が立ち会ったり、指導するようにします。

⑩ 総務班は、ボランティアが必要以上に避難者の世話をし、避難者の自立心を低下させ、依存心を増大させないよう注意します。

⑪ 原則として、ボランティアには、自分たちの寝泊まりの場所と食料については自分たちで確保してもらいます。

⑫ 行政担当者は、ボランティアの作業がなくなった場合は、センターを紹介し、ほかに移動してもらうようにします。

体験談 ボランティアの位置づけの課題

　新潟県中越地震で小千谷市に、外部からのボランティアがたくさん駆けつけて来てくれたのですが、そういった外部からの支援をどう位置づけるかが、今後の課題だと思います。

　最初のうちはボランティアの方々がたくさん来てくれました。時間が経つとだんだん来てくれなくなります。そうすると逆に避難者の被害者意識が強くなって、「うちの避難所には来てくれない」「うちはサービスが悪い」「あそこの避難所はサービスがいい」というような被害者意識を持ってしまうと、コミュニティも崩れてしまいます。

　被災者自身が、いつまでも人におんぶに抱っこしてもらうという気持ちではなく、やはり自分から立ち上がろうという気持ちにならないと、いつまでも自立ができないと思います。

　外部からの支援を受け入れる態勢という意味では、地元の人たちがしっかり生活運営ができていないときに、外部のボランティアが来て全部仕切りはじめると、復旧・復興に向けての作業がなかなか住民だけではできなくなるようです。４月には学校が始まるので、多くのボランティアが退去していったときに、生活ルールを全部仕切っていたボランティアがいなくなってしまい、その日から運営に困ってしまうという状況がありました。このように、外部からの支援をどう位置づけるかということも重要なことだと思います。

（新潟県中越地震における公民館職員の体験談）

25. 公民館学習機能の停止（講師・受講者等への連絡）

> 時間的余裕ができたら、講師・受講者等へ事業中止などについて連絡します。

　突然の災害等により、公民館が避難所として指定された場合は、できるだけ速やかに各講座・教室の講師や受講者に「当分の間、休講する」旨を連絡します。

　また、会議やサークル活動等の貸し館業務については、予約の取消しまたは変更の依頼を行います。

　被災状況が比較的軽かった地域からは、いつから公民館が使用できるのかという問い合わせが入ってくるため、貸し館開始時期、事業開始時期等も考えておく必要があります。

体験談　事業の中止と再開

　私の勤める公民館では、多くの窓ガラスが割れ、外壁にも何か所か亀裂が入りました。市民会館のステージは天井から剥がれたコンクリート片が落下し、照明器具などの吊り物の安全性を考慮した結果、予定されていた催し物はすべて中止となりました。

　また、多くの事業も中止を余儀なくされました。地震発生の10月23日の朝から開場していた十日町市美術展や10月末に予定していた公民館まつり、各地区公民館の文化祭、さらに11月9日から開講が予定されていた市民大学講座も中止。青年学級などの年間を通じて行う事業や利用団体への部屋の貸出も当面休止せざるを得なくなりました（12月14日より事業再開）。

　ただ唯一、結婚や仕事で外国から日本にいらした方々を対象とした日本語教室は、館長の判断により早々に事業を再開させました。それは、ただでさえ情報が入りづらい外国からいらした方々にとって、この日本語教室が大切な日常生活の情報収集の場であり、大きな心のよりどころだったからでした。

（十日町市、新潟県中越地震における公民館職員の体験談）

26. 避難所の撤収

避難所は、ライフラインが復旧した後、速やかに閉鎖します。

① ライフラインが復旧し、仮設住宅への入居が開始される時期になると避難所は撤収に向けた準備に入ります。この時期には、退所する避難者の数も増え、運営組織も縮小傾向に向かいます。

② 一方で、避難所には自立困難な避難者が次第に目立ってくる時期でもありますので、注意が必要です。

③ 避難所については、「ライフラインの復旧」がなされた段階で閉鎖する方針であることをできるだけ早く避難者に示すことで、自立の目標を持ってもらうことが大切です。

④ 事務所の閉鎖に伴う片付けや清掃についても、避難者はもとより、地域住民やボランティアの協力を得て行うことが必要です。

⑤ 住居をなくした人に対しては、閉鎖後は長期受け入れ施設で対処します。

⑥ 避難所運営委員会は、原則として避難所閉鎖をもって解散します。

MEMO

- 公民館は他の避難所の規模縮小、閉鎖等により、最後まで避難所として残る可能性が非常に高いため、職員の意識、施設の維持管理等について、それなりの心構えが必要です（学校の避難所は授業の再開を最優先するため、なるべく早い時期に閉鎖されます）。

- 避難所には、身寄りのない高齢者や、自立が困難な避難者が残る場合があります。まずは周囲から声をかけるなどして避難者の孤立化を防ぎ、最後まで自立の支援を行います。行政担当者やボランティアセンターなどとも連携し、適切な受け入れ先のあっせんをすることになった場合も、本人の以前からの知り合いや、地縁や血縁のつながりに配慮しつつ、自立への精神的な支え、退所後の地域による支援などにも工夫することが必要です。

27. 記録の作成

災害対応の詳細な記録を残すことが、後世への教訓として非常に有用な資料となります。

☞ 様式 1 − ⑳、 2 − ⑥ （p. 148、153）

① 時間の余裕がないなかで、その記録を残すことは大変ですが、避難所内の情報を記録として一本化し、避難所運営委員会会議の内容や避難所での出来事を正しく記録に残すことが、今後の公民館や社会教育施設のあり方、ひいては後世への教訓として、貴重な資料となります。

② 記録係を置くなど、当初から記録を残すための取り組みをすることが理想的です。また、どんなことでもメモとして残しておくことが大切です。

③ 記録の項目、内容等については、どのような問題がおこり、どのように対応し、克服したのかという日々の業務などが考えられます。あらかじめ様式を検討しておきましょう。

MEMO 記録をとることの大切さ

災害のなかでは、避難所運営のための掲示や回覧、広報などさまざまなものが多く作成されましたが、それらは保存という観点に立つ余裕がなかったので、残されなかったものが多くありました。

震災の記録には、震災の恐ろしさを伝えるもの、個々人の立場に立った震災の経験が多く、避難所運営をどうすればよいかという記録はあまりありませんでした。残された記録も、十分でなかったり、具体的な行動が記されておらず、記録としては改善すべき点が多くありました。

これらが保存されれば、その時々の問題点などもわかる貴重な資料となります。

東日本大震災のとある公民館での記録

Ⅱ. 地震以外の災害における留意事項

　地震以外の災害においては、以下の点に留意する必要があります。風水害・雪害等の災害の場合は、災害の発生がおおむね事前に予測できるため、避難誘導、勧告等の対策を万全に行う必要があります。

1. 風水害

　わが国では、四季のさまざまな気象現象として現れる台風、大雨などは、ときには甚大な被害をもたらします。春から夏への季節の変わり目には、梅雨前線が日本付近に停滞し、活動が活発となって多量の降雨をもたらし、夏から秋にかけて、熱帯域から北上してくる台風は、毎年数個が日本に接近または上陸し、暴風雨や大雨を降らせたりします。

　このため、広範囲にわたって浸水被害等が発生し、地域全体の避難所が使用できなくなったり、浸水等により、避難所および周辺の衛生状態が著しく悪化したりするおそれがあります。

　また、浸水等により、地階や低層階に保管されている備蓄物資等が使用できなくなることがあります。

　気象情報などから正確な情報を収集し、早めに準備することが大切です。

1時間の雨量と災害発生状況

1時間の雨量	人の受けるイメージ	災害発生状況
10〜20ミリ	ザーザーと降る。	この程度の雨でも、長く続くときは注意が必要。
20〜30ミリ	どしゃ降り。	側溝や下水、小さな川があふれ、小規模の崖崩れが始まる。
30〜50ミリ	バケツをひっくり返したように降る。	山崩れ・崖崩れがおきやすくなり、危険地帯では避難の準備が必要。 都市部では下水管から雨水があふれる。
50〜80ミリ	滝のように降る（ゴーゴーと降り続く）。	都市部では地下室や地下街に雨水が流れ込む場合がある。 マンホールから水が噴出する。 土石流がおこりやすい。 多くの災害が発生する。
80ミリ以上	息苦しくなるような圧迫感がある。恐怖を感じる。	雨による大規模な災害が発生するおそれが強く、厳重な警戒が必要。

台風の強さ

階　　級	中心付近の最大風速
強　　い	秒速33m以上44m未満
非常に強い	秒速44m以上54m未満
猛　烈　な	秒速54m以上

風の強さと被害想定

平均風速（m/s）	人への影響	建造物の被害
10以上15未満	風に向かって歩きにくくなる。傘がさせない。	取り付けの不完全な看板やトタン板が飛びはじめる。
15以上20未満	風に向かって歩けない。転倒する人もでる。	ビニールハウスが壊れはじめる。
20以上25未満	しっかりと身体を確保しないと転倒する。	鋼製シャッターが壊れはじめる。風で飛ばされた物で窓ガラスが割れる。
25以上30未満	立っていられない。	ブロック塀が壊れ、取り付けの不完全な屋外外装材が剥がれ、飛びはじめる。
30以上	屋外での行動は危険。	屋根が飛ばされたり、木造住宅の全壊が始まる。

2．土砂災害

　わが国は、急峻な山地や谷地、崖地が多いうえに、地震や火山活動も活発である等の国土条件に、台風や豪雨、豪雪に見舞われやすいという気象条件が加わり、崖崩れ、地すべり、土石流等の土砂災害が発生しやすい条件下にあります。

　土砂災害は、台風、集中豪雨、地震、雪融け等により、弱くなった斜面が崖崩れをおこすもので、特に梅雨や台風の時期は注意が必要です。

　一般的に、1時間に20ミリ以上、または降り初めから100ミリ以上の雨が降り続いたら、崖崩れの危険が高くなります。大雨の日には十分な警戒が必要です。

【土砂災害の種類とその前兆】

①　崖崩れ

　　地面にしみこんだ雨水で柔らかくなった土砂が、斜面から突然崩れ落ちる現象。突発的かつ急速に崩れ落ちるので、逃げ遅れなどで被害が大きくなる。

　　こんな前ぶれに注意！

- 小石がパラパラ落ちる。　　　・崖から水が湧く。
- 崖に亀裂が入る。　　　　　　・崖から音がする。

②　地すべり

　　比較的ゆるやかな斜面で、粘土などのすべりやすい層を境に、その上の土がそっくり動き出す現象。一度に広範囲で発生するので、住宅や道路、鉄道などに大きな被害がでる。

　　こんな前ぶれに注意！

- 地面にひび割れができる。　　・井戸や沢の水が濁る。
- 崖や斜面から水が噴き出す。　・地面の一部が陥没したりする。

③　土石流

　　土砂と水が一体となって流れ落ちる現象。スピードが速く、破壊力も大きいため、広範囲に大きな被害がでる。

　　こんな前ぶれに注意！

- 山鳴りや木立の裂けるような音、ドンといった音がする。
- 雨が降り続いているのに川の水位が下がる。
- 川が濁ったり、立木等が流れてくる。

3．火山噴火

　火山噴火には、山頂や山腹からの噴火があり、火砕流、溶岩流、泥流、火山ガス、降灰などに伴う災害がおこり、ひとたび火山活動が始まると数か月から数年にわたるなど長期化することもあります。

　火山活動が活発になったら、何より早期に避難することが大切です。特に火砕流や火山ガスは、発生してから避難しても手遅れとなります。気象台などが発表する正しい情報を入手して、危険な場所から速やかに避難するようにします。

噴火警戒レベル

種別	予報警報	対象範囲	レベル（キーワード）	火山活動の状況
特別警報	噴火警報	居住地域及びそれより火口側	レベル5（避難）	居住地域に重大な被害を及ぼす噴火が発生、あるいは切迫している状態にある。
			レベル4（高齢者等避難）	居住地域に重大な被害を及ぼす噴火が発生すると予想される（可能性が高まってきている）。
警報	火口周辺警報	火口から居住地域近くまで	レベル3（入山規制）	居住地域の近くまで重大な影響を及ぼす（この範囲に入った場合には生命に危険が及ぶ）噴火が発生、あるいは発生すると予想される。
		火口周辺	レベル2（火口周辺規制）	火口周辺に影響を及ぼす（この範囲に入った場合には生命に危険が及ぶ）噴火が発生、あるいは発生すると予想される。
予報	噴火予報	火口内等	レベル1（活火山であることに留意）	火山活動は静穏。火山活動の状態によって、火口内で火山灰の噴出等が見られる（この範囲に入った場合には生命に危険が及ぶ）。

出典：国土交通省気象庁ホームページ「噴火警戒レベルの説明」

4．津波

津波の心配のある地域で地震がおこったときは、急いで高台に。

東日本大震災では地震による被害以上に、津波による被害が目立ちました。

「このくらいなら大丈夫」と油断せず、津波の心配のある地域で地震がおこったときや、津波警報が出たら、急いで安全な場所に避難することを心がけましょう。

⑴　はじめの５分が勝負

近海でおこる津波は、５分間が勝負。真っ先に高台に向かいましょう。

⑵　より高いところへ避難

津波はときに想像もつかない高さになります。津波災害警戒区域ではないからなどと過信せず、より高いところをめざしましょう。

また、川沿いの道は使わないようにしましょう。川沿いの道は、かなり奥地まで津波がやって来ます。

(3) 車による避難は原則禁止

　車はちょっとしたことで渋滞になってしまいます。東日本大震災では、皆が車で逃げて渋滞ができたため、犠牲になった人が大勢います。車による避難はリスクが大きいことを肝に銘じ、原則車での避難は避けましょう。足が悪くて歩けないような場合や、または見通しのいい、空いている道であれば車で逃げることも考えられますが、原則としては避けたほうが無難です。

(4) 家財など、財産の持ち出しはあきらめる

　貴重品を取りに行ったり、船が心配になって様子を見に行って津波に巻き込まれた人もたくさんいます。数分の差が生命を左右します。

(5) 津波が来てしまったら、遠くの高台への避難はあきらめ、近くの建物の4階以上へ

　津波が来て、浸水が始まってしまったときは、漂流物にぶつかって転倒するなどの危険が多く、避難は困難です。

　もし高台へ逃げる時間がなかったり、付近に高台がなければ、4階建て以上の丈夫な建造物（鉄筋コンクリートのビルなど）の上層階に避難しましょう。やむを得ず建物に避難

する場合は、海に面するビルより、2列目、3列目の建物に避難しましょう。

　また、津波は何度もくり返し襲ってきます。第1波が引いた後も、第2波、第3波とくり返しやって来ます。津波警報が解除されるまでは、絶対に家や海岸付近には戻らないようにしましょう。

【津波Q＆A】

1．泳げれば、津波は怖くない？

　泳ぐことは、ほとんど不可能です。

　ひざ上程度の高さの津波でも、十分に危険だと言われています。

　津波は単に、水位が上がるだけではありません。流れが発生します。流れの速さは、毎秒数十センチメートルから数メートルに達することもあります。

　流れのない水のなかで動くことさえ容易ではないのに、水の流れに抵抗して動くことは大変困難です。水の流れにより、足をさらわれて転倒してけがをしたり、へたをするとそのまま身体をおこせずに溺死してしまうこともあります。

　さらに津波の流れには、漂流物が伴っています。津波により破壊された建物などです。漂流物が人にぶつかれば、けがをしたり、転んだりすることも考えられます。あるいは水面を埋め尽くした残骸で、水面上に顔を出すことができず、溺れてしまう危険性もあります。津波によって亡くなった人の死因を調べると、溺死より外傷性のショック死や脳挫傷などのほうが多いのです。

2．揺れが小さければ、大きな津波は来ない？

　揺れが小さくても、大きな津波となることがあります。「これくらいなら大丈夫だろう」と過信しないことです。1896年の「明治三陸地震津波」では、北海道、青森県、岩手県、宮城県で合わせて2万人以上亡くなりましたが、地上での最大震度は3程度でした。

3．津波は引き波から始まる？

　「地震のあと、海が引いたら津波が来る」と覚えている人がいますが、間違いです。

引き波が津波の前兆現象であるかのように書かれている資料がありますが、津波によっては押し波から始まることもあります。

４．日本海や瀬戸内海などでも津波はおこる？

　実際におきています。

　日本海では、1983年「日本海中部地震」のとき、青森県や秋田県で14メートルの津波が発生しています。また、瀬戸内海では1707年「宝永地震」や1854年「安政南海地震」で、それぞれ数メートルの津波が発生したと言われています。

　有明海でも、1792年の地震に伴う山の崩壊による津波で、島原と肥後合わせて死者は１万５千人にものぼりました。

　海のある沿岸部では、どこも津波の危険があると考えたほうがよいでしょう。

５．津波でも火災はおこる？

　総務省消防庁によると、東日本大震災による火災は324件で、津波が襲来した多くの地域で発生しています。

　その原因は、沿岸地域に貯蔵された可燃物や石油やガスが、津波によって大量に流され、家庭のコンセントの漏電などが原因で燃料に引火し、火災がおこったようです。

　通常、水は火を消しますが、津波は火を消すどころか火災を誘発してその被害を大きくする危険性も持っているのです。

　津波によって流れ出すものは石油のような燃料ばかりではありません。工場などから出たさまざまな種類の薬品や化学製品、壊れたトイレから出た糞尿などが流出することもあるのです。

津波で全壊した宮古市鍬ヶ崎公民館

第3部

事 例

はじめに

2011年３月11日の地震と大津波は、石巻市に沿岸部を中心として想像を絶する壊滅的な被害を与えました。約4,000人もの人的被害に加え、家屋の流失、損壊などにより、多くの市民がこれまでの平穏な日常を奪われました。

震災時、市内公民館では、ホールの天井が落ちるなどの被害があったものの、利用者への直接的な被害がなかったことは不幸中の幸いでした。流失を免れた公民館施設は、ただちに住民の避難所となり、多くの市民が身を寄せました。震災当日、河北公民館では800人を数えました。被害状況にもよりますが、施設そのものを住民に開放する以外にも、駐車場・グラウンドの開放や、遺体安置所、福祉避難所など急きょの対応を職員は迫られることとなりました。避難所は、市街地の復旧と仮設住宅の建設などにより、2011年内にすべて閉鎖となりましたが、およそ８か月続きました。

私の勤務する、石巻中央公民館（以下「中公」と記す）は、市指定の避難所となっていました。今回の震災対応の教訓を生かし、１年間の復旧・復興を支えた、社会教育・防災教育が果たしてきた役割を検証し、今後の社会教育現場に継承していくことこそ我々のなすべきことと考えます。

1　震災当日（2011年３月11日）、震災直後の中公の様子

大地震発生後、職員は館内利用者（ダンス教室受講生等）を避難させ、施設の安全確認にあたりました。大津波警報の発令とともに避難所開設の準備を始めました。津波の予感はあったものの、「さほど、大きなものではあるまい」という油断があったことは否めません。これは、危機意識の甘さに加え、過去の大津波警報発令の際に大きな被害を受けなかったことに由来します。また、人間の防衛心理として、希望的に予測するということに起因すると考えます。

石巻市の様子

「危機管理は、最悪の場合を想定して行動する」という原則を多くの人は忘れていたのではないでしょうか。

やがて、館内は停電し、情報源はラジオのみとなります。沿岸部に津波が到達したという情報が伝えられましたが、あれほど甚大な被害になっているとは想像すらしていませんでした。館内の職員には、外からの情報を手に入れるすべはなく、防災無線も停電のため

に機能を果たさなくなりました。

　地震発生からおよそ1時間後、職員の目視による安全確認を終え、すでに耐震改修を終えた近くの指定避難所の小学校の様子をうかがっていたとき、道路を遡る津波と流されてきた車を発見し、事態の深刻さを知りました。中公に被災者が続々と入館し、避難所運営がスタートしたのです。

　避難者への対応として、最優先すべきは、人命救助でした。ずぶ濡れや出血したままで来る者、呼吸困難や透析中の者、精神的にパニックをおこしている者など、職員対応の範ちゅうを超えたものも多々ありました。救急車や緊急ヘリの要請もできず、毛布で暖を取らせながら、水だけで翌朝を待たせるというのが精一杯の対応でした。時を追うごとに増える避難者の数に、中公で収容しきれるのかという不安が襲いました。その数は200人を超えました。夜が更けるとともに、南の空（門脇方面）が赤く染まり、花火のような爆発音が聞こえます。災害対策本部のある市役所も水に囲まれ連絡がとれません。職員は、陸の孤島と化した真っ暗な建物のなかで、刻々と被災状況を流すラジオを聞きながら、長い一夜を過ごしました。翌朝になって、変わり果てた市街地を目にすることになります。

　翌日から、災害対策本部との連絡をとろうとするも、県道は川のようになり、車やがれきが積み上がっています。二次災害を引き起こす危険性もあるため、災害対策本部への移動を断念。避難所の対応はすべて館長を中心とした館内職員で進めることとなりました。

2　公民館機能から見た初期の避難所運営について（施設職員等の対応から）

　市内公民館職員等から震災直後の対応について話を聞く機会を多くもちました。置かれている状況は違うものの、自分なりに以下の3つの視点から、職員の考えをまとめてみたいと思います。

　根底にある問題点としては、職員が避難所運営の知識を十分にもたないまま対応を始めたこと、また、多くは自身も被災者でありながら対応せざるを得なかったことです。したがって、長期間の見通しをもつことがむずかしく、場当たり的な対応になりがちでした（前例としての阪神・淡路大震災の教訓などを参考にする余裕すらなかったというのが本音かもしれません）。しかしながら、職員が時には、不眠不休のまま真摯に災害対応にあたる姿が、市民の信頼と共感を得て、運営の大きな力となったことは事実です。

(1)　公民館に備えておくべきであったと感じたものは何か

　実に多種多様のものが挙げられましたが、大きくまとめると2つです。

　①　命を守るために最低限必要なもの。東日本大震災のケースでは、水の確保と体温低下を防ぐもの（毛布・暖房器具など）が第一と考えられます。

　②　情報収集・情報発信を含め、外部との連絡手段。非常用電話、衛星携帯電話などの通信手段や非常用電源の確保。

※事前に備えることには限界もあります。備えと同時に、速やかに対応（調達）する方法を考えることも大切です（「○○はどこに行けばあるのか？」）。以下は、功を奏した実際の対応例（例１：地区内の簡易水道の家を把握していたことで急場をしのいだ、例２：地元工事関係者に電源供給を依頼、例３：近くのスーパーから食料を調達）

※長期間の停電を想定し、電気なしでも使用できるものの確保も必要か。

※各公民館ですべてを準備するのがむずかしいとすれば、近隣施設での分散確保や、広域範囲を対象に一括保管なども視野に入れるべき。

(2) 公民館職員として、身につけておくべきと感じた知識、技能は何か

職員個人の資質を高めるとともに、組織としての運用も考える必要があります。

① 命を守る

- 最低限の救急法の知識（心肺蘇生法・低体温症などの応急処置）
- 避難経路、避難場所等の重要な周辺の地理の把握

② 施設を守る

- 備品管理（どこに何があって、どのように使うか。一部担当者のみが知っているという現状はないか）、配電盤、止水栓、給湯器など
- ロープワーク、テントやタープの設営方法（近くに高台がなく、屋上に避難した職員から）

③ 避難所として維持する

- 基本的な避難所運営のノウハウ。地域を知る（勤務地の地名・施設名を含め、地域の実情）

※石巻市は広域合併後、他地区から通勤する者も多く、今回の対応で、自分がいかに地域のことを知らなかったか……、という反省も見られました。また、地区のリーダーと連携がとれたところは、早い時期から円滑な避難所運営ができたようです。地区の行政委員・民生委員等の把握も必要でした。

【提言】

- 避難者への対応のノウハウ

  具体的には配給の仕分け方、規律のつくり方、心理カウンセリングなど。

  また、緊急時の指示系統が不明瞭であったことが挙げられます。

- 名簿管理（特に安否確認・避難者に関する問い合わせが多かった）

  広域地域で、避難者をデータベース化して、各避難所が共有できる仕組みづくりがあれば、どの避難所でも対応できたのではないかと考えられます。

(3) 公民館機能の面から役に立ったことは何か

施設面からは、調理室（プロパンガス使用のため震災当日から温かいものを提供できた）や和室（重病患者、高齢者が横になれる場所）等が挙げられました。最大の力となっ

たのは、やはり、公民館のもつ地域人材力の活用でした。

　地区組織の活用（例1：地区青年育成協議会会員が全面的に協力、例2：公民館利用協議会会員らが避難所内の清掃活動に協力、例3：震災当日から避難所自治組織が始動）は、地域に根ざす公民館こそが成せることではないかと考えられます。

3　ライフライン復旧後の避難所運営（中公）の様子から見た課題

⑴　避難者の要請に応える

　避難者のニーズも、生活再建に向けての準備が始まるにつれ、変化を見せてきました。事務所には、避難者からさまざまな問い合わせが舞い込んだのです。安否確認、避難者名簿の閲覧、市内の復旧状況、開業医の有無、学校の再開日、罹災証明の手続き、食料配給の要請などです。また、震災翌日から物資の提供、ボランティアの訪問なども相次ぎ、その対応も必要となりました。これらのうち、即時回答できないものもあり、対応する職員も変わります。

　ここで大切なのは、予測される対応マニュアルをつくることより、対応した事実を記録蓄積し、それを全職員で確認することです。また、本部からの指示を含めた情報を共有化することで、指示の一貫性を保つことができます。

　中公では毎日、時系列の避難所運営日誌を作成して、避難者の様子、訪問者、支援物資などあらゆる情報を蓄積し館内で閲覧できるようにしました。引き継ぎ資料も作成し、毎朝のミーティングを全職員で行いました。この資料も、職員が交代して作成することで、避難所運営には全職員がかかわっていくという意識が芽生えたのです。さらに、職員が一枚岩となり、対応がぶれないことが避難者との信頼関係を築くことにつながったと考えます。

　振り返ってみると、市内避難所・施設間での情報の共有化が随時図れれば、さらに運営がスムーズに進んでいたと考えます。なお、このミーティングは、避難所閉鎖後も、朝の定例として継続しています。

⑵　未来に希望をもち被災者の心をいやす避難所のあり方

　以下、中公で実際に避難所運営のなかで実践した事例と成果について述べます。

①　定例ミーティングの実施（毎日午後4時〜、公民館事務室）

　部屋ごとに代表者を決め、職員・復興支援員・全国訪問ボランティアナースの会（以下「キャンナス」と記す）と諸連絡・情報交換の場をもちました。職員からの一方的な指示・伝達の場になることなく、雑談を含め、避難者からの要望も傾聴する姿勢を見せたことも信頼を得る一因となりました。また、職員も積極的に避難者のなかに入り、会話をすることに努めました。生の避難者の声は、避難所運営だけでなく、今後のまちづくりへの提言としての貴重な証言でもありました。防災対策は、「災害からいかに逃れるか」とい

う視点に向きがちですが、むしろ「災害に立ち向かう生き方を模索する姿勢をもたせること」も必要ではないかと感じました。

② 常駐する支援者の活用と避難者との交流（復興支援員・キャンナスなど）

中公では、支援者も避難者と積極的にかかわることを奨励しました。キャンナスは、朝の散歩、ラジオ体操、クッキング教室なども行い、避難者を側面から支えました。全国の自治体から派遣された復興支援員は自分のもつ特技披露（よさこい踊り・マジック・トランペット演奏・切り絵など）や地域性を生かしたイベントなどで、避難者の輪に溶け込みました。1週間の支援活動を終え、地元にもどる際に「いつか必ず、復興した石巻の姿を見に来ます」と、あいさつするたびに大きな拍手が送られました。また、復興支援員、キャンナスによるミニコンサートなども実施し、支援者同士の横のつながりもできてきました。さらに、近隣の避難所からの復興支援員の訪問イベントも実施しました。それにより、市内の公民館同士の交流も生まれました。震災から半年後、復興支援員のなかには、再度石巻へ訪問してくれたり、地域の名産を送ってくれたりと心の交流は続いています。

③ 避難所スクールの開設（生涯学習の視点から見た人材活用）、随時開催

「みんなでいっしょに楽しみませんか」をキャッチフレーズに、避難者を対象に学習・体験活動の場を設けました。講師は、「おらほの先生」として避難所のなかから公募しました。また、職員、中公利用団体などから、活動支援者を募りました。100マス計算・折り紙・書道・植物観察など内容も多岐にわたりました。この事業は避難者同士の交流・各種団体の活動促進にも役立ちました。特に、喫茶店経営者の避難者

100マス計算にチャレンジ

による「美味しいコーヒーのいれ方」の講座は、テレビでも放映され、全国から激励の言葉が届くこととなったのです。また、避難者を講師として近くの保育所に出向き、園児と一緒に鉢植え作業（みんなニコニコ花いっぱい大作戦）を行い、避難者と園児が楽しいひとときを過ごしました。

近くの学校からの支援も積極的に受け入れ、小学生の「総合的な学習の時間」の慰問、高校家庭科クラブの校外ボランティア活動、地域ジュニア・リーダーなど異世代とのふれあいの時間ももちました。近隣の市立女子高校書道部員の訪問の際は、避難者一人ひとりに毛筆で名前を書いてあげるなどのうれしいプレゼントもありました。避難所で顔見知りになった小学生の運動会の応援に、学校へ足を運ぶ微笑ましい姿も見られました。また、

避難所内での子どもたちを集めたイベントに、避難者も参加できるように配慮しました。館内ににぎやかな子どもたちの歓声が響き、笑顔の輪が広がりました。

④　避難所生活のなかに小さな楽しみを（継続的な実践）

・石巻中央公民館日曜映画劇場（毎週日曜日夜実施）

　　映画館が流失した地元会社の機材提供により、大型スクリーンでの鑑賞会を企画しました。避難者の希望を聞き、時代劇・寅さんシリーズなどを上演。「みんなで同じものを見ることは楽しいね」「映画が終わってから、みんなでお話しするのがいいんだ……」と感想を語ってくれました。映画を通しての共通体験が避難者同士の交流を深めたのです。

・日重ねカレンダーと今日の詩（毎日掲示）

　　避難生活は月日・曜日感覚もなくなるため、廊下や各部屋に日付の入ったカレンダーを掲示。紙面には、童謡や懐メロの歌詞や俳句・短歌などを入れ、興味のもてるものを載せました。地域の懐かしい写真を入れることで会話のきっかけになることを狙いました。短歌の解釈や文法的なことを聞かれることもあり、小さな教材として定着しました。

　　毎日、職員や支援員が部屋に掲示にいくため、避難者との交流の場にもなりました。数センチも重ねられたカレンダーを見て、「この避難所でこんなに頑張ったんだ……と自分自身を誉めたくなる」と言った方もいました。仮設住宅に移ってからも、部屋に掲示している方がいました。また、２階ロビー黒板に「今日の詩」というテーマで、皆で歌える歌を毎日書いてきました。「明日は何の歌か楽しみです」「みんなで口ずさんでいます」という声もあり、好きな歌をリクエストされることも多かったです。

・避難所だより『希望』の発行（随時）

　　避難所内でのイベントや生活の様子を掲載したおたよりを発行し、全員に配布してきました。明るい話題をとりあげ、個人のプライバシーにも考慮しました。内容の偏りは否めませんが、喜んで見てくれ、ファイリングしていた方もいました。高齢者が「わたしの写真が載っている！」と喜ぶ姿もありました。離れた家族に送っているという方もいました。

・館内の掲示物の工夫（楽しめる内容のものを）

　　館内には、全国から寄せられたメッセージのほか、避難所の方も楽しめる掲示を工夫しました。公民館周辺に見られる草花の写真や看板など、視覚に訴えるものとしました。各部屋入口に掲示する避難者名簿が各自の殴り書き状態であったものを、規定の用紙に手書きで書いてあげたところ「やっと、自分が入所できた、という感じです」「温泉のホテルに泊まるような気分です」と喜んでもらいました。プライバシーの問

題もありますが、避難所のなかでも自分の存在が認められるというのはうれしいことなのではないでしょうか。

・避難所のなかの喫茶店「けっぱれ」開設に向けての支援

　元喫茶店経営者が、避難所内に無料喫茶店「けっぱれ」を開店させる支援を行いました。店内がほぼ流失し、震災後元気をなくした店主に、「あのコーヒーをもう一度飲みたい」という客の願いを伝え、避難所のオアシスとしての喫茶店開設を勧めました。職員らが、道具材料の提供を呼びかけ、地元の書家らが内装に協力。サイフォンで入れる手づくりコーヒーは避難所の名物となりました。店名「けっぱれ」は高知県から来た復興支援員が、石巻の復興を願い命名したものです。昼時のコーヒーの香りとともに、小さな憩いの場ができました。店主の半生と思いをつづった読み物を作成し、避難所の方にも「いつでも夢と希望をもつ大切さを感じてほしい」と配りました。

　12月の末、喫茶店は復活しました。かつて避難所にいた方の多くは、仮設住宅などに入り、地域を離れていますが、こ

石巻中央公民館避難所だより『希望』

避難所内喫茶店「けっぱれ」

の喫茶店に集まっては、避難所生活のころの話をしているといいます。

　仮設住宅に入居した高齢者から「中公での避難所生活は本当に楽しく、私にとって第二の故郷・心の支えとなりました。命からがら逃げ込んだ中公で二度目の人生を与えていただいたことに感謝し、これからも生きていきます」と書かれた手紙を受け取りました。仮設住宅や避難所で知り合った人たちとお茶を飲むのが楽しみだということです。

　それぞれの人生のほんの一コマにでも触れることができるのも、公民館職員の醍醐味かもしれません。

（石巻市教育委員会生涯学習課兼石巻中央公民館　社会教育主事　坂本　忠厚（当時））

【実践事例２】　「東日本大震災」における避難所対応について

宮城県気仙沼市立本吉公民館

はじめに

　私たちの本吉公民館は、2009年９月に気仙沼市と合併した旧本吉町の津谷地区にあり、海岸から約４kmも離れている場所に建っています。

　今回の東日本大震災で気仙沼市では、死者・行方不明者1,368人（2012年１月12日現在）、約9,500世帯の方々が被災されました。

1　海岸から４km離れた津谷地区まで津波襲来

　2011年３月11日、本吉公民館は、午前中に貸し館がありましたが、幸いにも午後の来館者はなく、職員３人は事務室で通常業務を行っていました。

　午後２時46分の地震発生後、施設内外の安全確認をしていると、大きな地震と余震で近隣の住民が避難してきました。

　停電と同時に隣接する「はまなすの館」（ホール、図書館等）の非常用自家発電が作動しましたが、使用できる照明やコンセ

津波到達時：本吉病院（津谷明戸）から撮影

ントが限られており、避難住民が使用する部屋の電気器具を使用できるように、公民館職員と「はまなすの館」の職員で準備をしました。

　職員が住民の受け入れ準備を懸命に行っているとき、下半身がずぶ濡れになった人たちが避難して来て、そのとき初めて津波が津谷地区まで到達したことがわかりました。

　高い確率で宮城県沖地震が発生し、大きな津波（予想高さ10メートル）が襲来することは以前からいわれていましたが、まさかこの津谷地区まで被害を及ぼす津波が到達することをだれが予測できたでしょうか。

2　迅速だった振興会の炊き出し

　本吉公民館は、「はまなすの館」と棟続きで、本吉総合体育館と同じ敷地内にあります。

　前述したように、津波で流された人や住居に被害を受けた人等が次々に来館し、公民館の１階にある婦人研修室（和室：68畳）は約100人で満杯状態になりました。そのため、２階の視聴覚室と農事研修室を使用できるようにカーペットの準備を行い、そこを50〜60人が利用しました。

　この日は夕方から雪がちらつく寒い日となりましたが、暖房は公民館や「はまなすの館」

のストーブを利用し、照明や災害情報用のテレビも発電機のおかげで使うことができました。

　また、その日の夜9時ごろには、本吉総合支所から依頼を受けた、被災していない地区の振興会（自治会）から、炊き出しのおにぎりが届き、住民はもちろん、われわれ職員も空腹をしのぐことができました。

　本吉公民館は避難所にはなっていますが、非常食の備えはありませんでしたので、この振興会の炊き出しの早い対応には、驚きと感謝でいっぱいでした。これには、普段からの振興会組織の運営や、各振興会の集会場に防災用として発電機や折りたたみ式テント、リヤカー等を配備していたことがあると思います。

3　活躍した自家発電装置

　その後、強い余震が収まると近くの住民はその日のうちに自宅に帰りましたが、家屋が損壊した方や停電が続いて自宅での生活が不安な方、また、国道が通行止めで足止めになった方々が公民館の1階と2階に約150人避難していました。

　この夜は余震やテレビ・ラジオでの災害情報収集、また家族や親戚等の安否が確認できない方が多く、ほとんど眠れぬ不安な夜を過ごしました。

　私たち公民館や「はまなすの館」の職員のなかにも、自宅を津波で流失した職員や、道路が復旧しないため帰宅できず、2、3日家族との連絡がとれない職員もいました。

　3月11日の夜から、女性職員は1階の婦人研修室と2階の視聴覚室で交代しながら住民のお世話をし、男性職員は、来館者の対応、暖房器具の燃料補給や施設内外の巡回を行い、交代で事務室や印刷室で寝袋を使って仮眠をとりました。

　特に女性職員は、夜中にトイレに起きる方の介助（懐中電灯で足元を照らす、トイレまで付き添う）や、暖房器具の安全管理があるので大変でした。

　震災から3日目の3月13日になると公民館の水道は使えましたが、水源が被害を受けたので、断水するのも時間の問題でした。

　そのうち自家発電の燃料（重油）の確保がむずかしくなり、避難所運営の長期化に備え、日中は自家発電機を止め、照明が必要となる夕方5時から消灯時間の9時までの稼働としました。また、被災した施設から使用できる重油を確保し、3月24日に電気が通じるまで、燃料もどうにか間に合いました。

4　心とお腹を満たしてくれた、食事ボランティア

　食事についてですが、避難所開設当初は対策本部から支給されるパンやおにぎりで過ごしました。開設6日目の3月16日に、公民館の近隣にお住まいのご婦人方4、5人が、避難所の食事に温かいものが少なく、野菜が不足しがちなことを知り、温かく栄養バランスのとれた食事を提供しようと、避難所の炊き出しを申し出てくださいました。

　その後、皆さんが所属している、日赤奉仕団「四ッ葉会」（大内文江会長（当時））に相

談して、「四ッ葉会」として取り組むこととなり、会員の家庭や近所から野菜の提供を受け、それを持ち寄り、昼食と夕食の食事ボランティアが始まりました。

「四ッ葉会」夕食準備：公民館調理実習室

この「四ッ葉会」の食事ボランティアは、8月12日までの5か月間、自ら献立を計画し、ほぼ毎日会員が輪番制（1班4、5人）を組んで行っていただきました。

避難所としても、救援物資や市からの支給品で食材には事欠きませんでしたが、缶詰類やレトルト食品等消費期限があるものが多く、調理方法や食材管理に苦慮していたところ、これらの食材管理はもちろん、栄養のバランスを考え、かつ温かい食事で避難所の皆さんの心とお腹を満たしていただきました。

本来であれば、避難所の生活については、避難されている方々で、役割分担を決めて行うべきですが、ここには、地区外の方々などが多く、また、昼間は仕事や被災家屋の片付けで、高齢者しか避難所に残っていない状況で、自治組織の設置は困難でした。また最初のころは、水道も出ない、調理した使い水も下水に流せないような状況で、長い期間、食事ボランティアとして協力いただいた「四ッ葉会」の会員の皆さんには、大変感謝しております。

今回食事ボランティアに携わっていただいた会員の方々の多くは、日ごろから公民館を利用していただいていますので、公民館職員と互いに気軽に相談できたことがよかったと思います。

5　大変だったトイレ対策

本吉公民館避難所として、大変だったのはトイレでした。最初の2日ぐらいは、水が出ていたので、普通に下水道に流しましたが、下水道の浄化施設も津波で被災し、下水放流が禁止となりました。

すぐに仮設トイレの設置を対策本部に要望しましたが、別の避難所からも要請があり、なかなか設置にならないので、やむを得ず洋式トイレの便器にビニール袋をかぶせ、そのなかに用を足してもらい、使用した紙と一緒に口を閉じて所定の箱に捨ててもらい、職員が定期的に回収し、保管場所に運搬しました（この作業は3日ぐらいで終了しました）。

トイレ前の様子：
用を足した後、バケツの水を掛けて流す

次に、下水放流が可能になってからは、断水中だったのでトイレ用の水を川から１回につきポリタンク（20リットル）６缶でくみに行き、さらにバケツ等に１回の使用分ずつ用意しました。

　まだまだ寒いこの時期、川岸が凍結している状態で、１日３、４回の水くみは大変な作業でした（この作業は４月10日まで行いました）。

　その後は、入浴支援の自衛隊に、水道が復旧する５月２日まで、避難所分の水をポリタンク等に給水していただき、大変助かりました。

6　佐賀県からの長期支援

　震災直後の避難所の運営は、公民館職員・はまなす館職員・図書館職員や幼稚園の先生たちでローテーションを組んで対応しました。３月21日から宿直は男性職員（５人）が交代で行いましたが、他の避難所にも宿泊の応援に行った関係で、２、３日に１回の割合で宿泊する職員もいました。

　このような状況のなかで、本吉地域の避難所には、４月１日から佐賀県の被災地支

避難所の様子：医療支援チーム
（NPO法人TMAT）の健康相談

援事業「佐賀きずなプロジェクト」として、佐賀県職員と佐賀県内の市町職員が支援に来てくださいました。

　各避難所に１、２人の職員が、１週間交代でわれわれ職員の補助者として派遣され、夜も避難所で宿泊していただきました。そのお陰で職員は夜には帰宅することができ、大変助かりました。

　佐賀県からの派遣は、小泉中学校体育館避難所閉鎖の９月５日まで続き、その後は気仙沼市役所や気仙沼市総合体育館避難所の支援に変更になり、10月31日まで継続されました。

　2011年10月、第33回全国公民館研究集会が佐賀県で開催されたので、佐賀県にお礼のあいさつを兼ねて公民館研究集会に参加しました。

　支援に来ていただいた職員の方々とひさびさに会うことができました。いまだに気仙沼のことを心配され、復興の状況や仮設住宅の状況を熱心に尋ねられました。このように各地から被災者や避難所に対し多くの支援が寄せられ感謝しております。

　最後になりましたが、私たちは近い将来高い確率で大きな宮城県沖地震が発生する、といわれてきたので、防災訓練や地区防災組織づくりに積極的に取り組んできました。しかし、予想以上の大きな規模で発生した今回の「東日本大震災」、また、初めて経験した、長期間にわたる避難所運営。公民館として、もう一度考えねばなりません。

（気仙沼市立本吉公民館館長　佐藤　弘（当時））

【実践事例３】 避難所としての地区公民館運営

岩手県大船渡市立大船渡地区公民館

はじめに

　大船渡町は、市の南方に位置し、人口約１万人、約3,890世帯の漁業、水産加工業のまちです。

　市立大船渡地区公民館は、1953年11月１日に設置されました。職員は、市教育委員会からの辞令による非常勤の館長・主事と、市役所職員である書記４人、地区公民館契約の管理人の７人体制で運営されています。書記は、スポーツ大会開催時に市役所から出向き、企画実施に携わります。

　町内には21の地域公民館（自治公民館）が組織され、地区公民館と融合しながら心の交流を図り、豊かな地域づくり活動を続けています。

　避難場所として、町内には第一避難場所（津波によるもの）８か所、第二避難場所（収容所）７か所が市の地域防災計画に示されています。

　避難者対応には、市役所職員によって編成された地区本部員があたることとなっています。地区本部員が中心となって運営する収容所としての大船渡地区公民館運営は、どうすることが望ましいか、公民館職員の役割は何か、10か月経過した今、襲い来る津波に遭遇する町民と職員等の様子を振り返ることで考えてみることとします。

１　３月11日の地区公民館

　2011年３月11日、突然の地震発生、巨大津波の襲来により、大船渡町も沿岸部を中心に大きな被害を受けました。死亡者は130人、行方不明者は26人になっています。建物被害は1,744世帯です。

３月11日、公民館講堂に避難した町民

3月12日、津波が去った後の大船渡のまち

(1) 黒い波の襲来と大船渡町民

　津波警報発令後、町民は指定されているそれぞれの避難所へ向かいました。津波は来ないだろう、来ても床上浸水ぐらいだろうといった気持ちから行動が遅れ、黒い波の犠牲になった方がいます。暴波に追いかけられながらも逃げ切った人、逃げ切れずに波にのみ込まれ、気を失い、正気に戻った病院のベッドで、自分はどうしてここにいるのかと、怪訝(けげん)な顔をする中年の女性、避難誘導をしながら狂流に引きずり込まれた方と、津波との遭遇状況はさまざまです。

　地区公民館に隣接する公園は、避難者と自動車でたちまち埋め尽くされました。

　人、家屋、家財、自動車、船、コンテナ等々を押しつぶし、押し流しながら地区公民館に迫ってくる暴波をまじろぎもしないで見つめる町民が何人もいました。傾きながら流れていくわが家を見て、ただ抱き合って涙を流す母娘、妻をさがし歩く男性、叫び声をあげて座り込む老女、無表情で立ちつづける人等、「避難者」としてひとくくりにはできない個々ばらばらの動きをしていました。

(2) 避難者と地区本部員と職員

　避難者が公園で押し寄せる津波を見つめているとき、地区本部員は、庶務班・食糧班・物資班・収容班・広報広聴班を編成し、避難所内にござを敷いたり、備蓄していた毛布の準備や、各部屋の暖房に点火したり、担当業務を開始しました。

　午後4時30分を過ぎたころから、避難者は公民館のなかに移りはじめました。

　公民館職員は、地区本部をサポートする立場をとり、公民館備品の提供に、右往左往する避難者の間を縫うようにして動いたのです。

　大地震発生直後からの停電により電話が不通となり、家族、知人の安否確認ができない状態になりました。そのうちに携帯電話も用をなさなくなったのです。困惑した表情で事

務室を訪れる町民が続きました。また、停電と断水で水洗トイレは機能を失い、使用に不便をきたしました。急きょ公園に仮設トイレを設置しました。

　急がなければならなかったのは食料の手配でした。食料の確保は市本部に頼り、午後9時過ぎにおにぎりが届きました。800人の避難者に対し、届いたのは200個です。幸い地域の婦人会の炊き出しによりさらに200個がつくられ、400個を確保することができました。おにぎりは、子どもと高齢者には1個ずつ、青年壮年には1個を2人や3人で分け合って食べるよう協力を願い、配分したのです。

　照明器具が不足でも夜はやってきました。時折の余震に避難者は恐怖におののき、互いに見つめ合うばかりです。暖房器具も少なく、厳しい寒さのなか、体を丸めながら不安な夜を過ごしたのです。地区本部員と公民館職員は、事務室にダンボールを敷き、新聞紙や毛布にくるまり朝を迎えました。

2　3月12日からの地区公民館の暮らし

　翌12日以後2、3日の食料は、おにぎりだけの状況が続くこととなりました。また、寒さが厳しい時期だったので体調を崩し、救急車を手配することが続きました。インフルエンザと診断されても、病院では収容、隔離する部屋がないので、公民館の倉庫で休んでいただくこともありました。細菌、ストレスや疲労で入院する職員もでました。

　地震発生から1週間は、避難者の表情にも険しさが見られました。

　公民館の電気が復旧したのは3月16日の昼過ぎです。携帯電話は3月19日に復旧、水道の復旧は地震発生から10日後の3月21日です。まもなく町内のライフラインの復旧も進み、状況も改善されました。

　やがて、全国各地からの支援物資が届いたり、ボランティアの方々の励ましなど多くの心ある助けが届きました。行政の方、スポーツ選手、歌手、俳優、マジシャン等々の温か

食事づくりに励む地域住民

く力強い励ましの言葉に、避難者は勇気と希望をいただいたのです。

　地区本部長と館長は、激励団体の対応にあたり、地区本部員と公民館職員は、支援物資の配付に力を注ぎました。

　毎日食事の時間になると地区本部員と公民館職員は、700人を超える避難者の配食に動きました。ボランティアの方々の調理支援もたびたびありました。ほかの避難所からの避難者も加わり、1,500人が配食を待って列をつくることもありました。

　館長は、相談業務に携わった経験を生かし、時折避難者のなかに入り世間話をしたり、悩みを聞いたり、心の安定を図ることも行いました。

　行方不明者や死亡者さがしの手伝い、病人の世話、支援物資の配分、市本部への連絡について朝会・終会をもち、事務連絡をしながら日が過ぎていきました。

　大船渡地区公民館を避難所（収容所）としての地区本部の運営は、市内最後の避難所として8月31日に閉鎖しました。

3　避難所運営の点検・評価

　地震発生の日から5か月余の避難所生活状況を思いおこしながら、サポーターの立場での避難所・公民館職員の行動を振り返り、公民館運営と公民館職員の役割の課題をさがしてみたいと思います。

(1)　評価できる事項

- 地区住民による炊き出しや配食の手伝いがあったこと
- 調理や配食に避難者の参加があったこと（職員の呼びかけも影響）
- 地区本部員のなかに学校給食調理員や、電気、水道、建設関係の知識技術をもった者がおり、避難所運営にプラスになったこと
- 支援物資の調達、配分および、全国各地からの支援に対する地区本部員の対応がよくなされたこと
- 公民館職員のサポートが適切になされたこと
  - ・公民館施設・備品の提供がスムーズにできたこと
  - ・地区住民の様子や地区の地理的状況を把握していることから、来館者の対応が適切になされたこと
  - ・洗浄した写真を展示保管する物置を自宅から運び設置したこと
  - ・心の相談業務の経験を生かし、避難者の悩みをいやす一助になったこと
  - ・支援者への礼状作成に携わったこと
- 地区住民が写真洗浄に取り組んだこと
- 地区本部と地区公民館の連携協力が適切に行われたこと

(2) **課題事項——避難所としての地区公民館の役割・あり方**

　地区公民館が主体となって避難所を運営する場合と、市役所職員で組織編成された地区本部員の運営する避難所（収容所）となる公民館の役割は異なると考えられます。

　今回の避難所（収容所）である大船渡地区公民館は、後者の立場であり、大船渡地区公民館はサポーターとしての役割を担うこととしたのです。地区本部長と館長が同じ立場に立ち、それぞれの考えで指示することになれば「船頭多くして舟山に登る」の様相を示したかもしれません。

　市長が本部長として防災の指揮をするのであれば、地区本部は本部員会議の決定した方針に基づき、地区内における災害活動組織として情報収集を行い、本部と緊密に連絡をとり、災害応急対策にあたることになると考えられます。

　地区公民館は、地区本部の要請に応じ、施設職員としての立場で災害応急対策活動にあたることや、地区の状況を把握していることを生かし、施設の利用・備品の提供、使用に積極的、主体的に行動することが望まれてくると思います。

　地区公民館の非常勤職員である館長・主事の災害対応には限りがあるので、地区公民館の役員である運営委員の活動を要請することも考えられます。しかし、運営委員自身が被災したり、地域の災害対応に追われたりしており、地区公民館に出向く余裕がない状態でした。

　地区本部にかかる「地区本部付」の体制を明確にし、防災および災害発生時に迅速に行動できるようにすることにも目を向ける必要があるでしょう。

　想定外という言葉で言い表された今回の地震による津波対応を見たとき、大小多くの課題が見つかります。他市町村から安否確認に来館する方のためには、大船渡町の地図や地域ごとの住宅地図を掲示・提示して対応するなどの配慮が少なかったことも認めざるを得ません。

おわりに

　地区公民館としての防災計画の吟味検討と避難訓練、避難者対応訓練の実施継続は欠かすことができない必要事項でしょう。

　災害は忘れないうちにやって来るものかもしれません。人間の安心・安全にかかることなら、どんなに小さくささやかなことでも軽く扱わないで大事にする「常不軽（じょうふきょう）」の気持ちを、常に意識下に置きたいものです。

（大船渡市立大船渡地区公民館館長　鈴木　佑典（当時））

【実践事例４】　熊本地震の振り返り～学びのすそ野を広げることは防災につながる

熊本県熊本市秋津公民館

地震の振り返り

　2016年４月14日午後９時26分。そろそろ風呂にでも入ろうかと思っていたとき、益城町で震度７の地震がおきた。震源から８kmほど離れたわが家でも、これは本当に現実か？　と疑うほどの大きな揺れ。棚は倒れ、本やCDが散乱し、食器類はぐちゃぐちゃ。停電はしなかったが、尋常ではなかった。家族を近くの小学校に避難させた後、秋津公民館へ向かった。震源の益城町のすぐ隣にある秋津の地域は被害も大きかった。

4月14日地震直後自宅横の駐車場にて

　秋津公民館と隣にある秋津小学校は避難所として開放された。秋津公民館に来た避難者はロビーに敷いたブルーシートの上で休息を取り、夜が明けるころにはみな家へ帰って行った。

　図書室の本棚からほぼすべての本が落ちていたので、職員でその本を棚に戻すことがその日の大きな仕事だった。それが終わり、家に帰った。「大きい地震だったねえ」と家族と話してビールを飲んでリラックスし、ぐっすり寝ていた16日の深夜１時25分ごろ、再び震度７の揺れが。揺れが収まらない。ようやく収まったと思ったら、今度は明かりがつかない。これはまずい！　と思い、手探りで服を探して着た。「大丈夫や⁉」と離れた部屋にいた家族に声をかけると「大丈夫！」と声が返ってくる。安心した。すぐに全員で小学校に避難する。地響きとともに強い余震が続く。私は家族を避難させた後、職場へ向かった。途中、ところどころでビルが崩れている。道が地割れでへこんだり、浮き上がったり。水道管が破裂し、地割れから水が勢いよく噴き出し、噴水になっているところも。停電であたりは真っ暗で何も見えない。信号もついてい

16日本震後の図書室にて

ない。橋は周りの道より30cmほど浮いている。川沿いの道が沈んでいる。あちこちで地割れができている。

ブロック塀が倒壊し、道路にはガラスが散乱している。建物が倒壊して道をふさいでいるところもある。商店街では大きなスーパーがグシャリとつぶれている。車では通りづらいところも多く、自転車で移動するもパンクしてしまう。公民館では、駐車場にも、ロビーにも人が集まって来ていた。

　他の施設との連絡もとれず、流れで避難所開設となった。マニュアルを覚えてもいないし、取り出そうにも事務室は散らかり、危険で取りにも行けない。とりあえず、先日に引き続き、避難者にはロビーで待機してもらう。地震で盛り上がったり、へっこんだりしている床の上に再びシートを敷き、避難者に休んでもらった。

　地響きとともに続く余震が怖かったが、夜が明けて、大丈夫そうだったので、避難場所をロビーからホール、児童館、会議室へと変更した。このとき駐車場は70台ほどが車中泊しており満車。ホールにも40人ほどの人が避難していた。隣に秋津小学校があり、そこも避難所となっていて多くの人が詰め掛けていた。秋津小学校には隣近所で声を掛け合って避難する人が多く、秋津公民館には周りとかかわりを持っていない

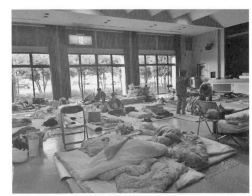
避難所開設時のホールの様子

人の避難が多かったことに気づいた。公民館には全部で120人ほどの人たちが避難していた。

　ご飯は４月15日からバナナと水が支給されていた。４月17日からNPOが支援に入ってくださり、それを受け入れた。炊き出しをしてもらい、温かい汁物とご飯が配給された。４月18日には、電気が復旧し、区役所等ともスムーズに連絡がとれるようになった。４月19日には水道も復旧した。食べ物や水は３日もすれば流通もある程度回復したので、それほど心配はなかった。困ったことは４月18日までトイレの水が出なかったことだ。用を足したその上に用を足す人がいて、気づくとトイレが大変なことになっていた。幸い、近所の神社で湧き水がわいていたので、１日に何回も水汲みを職員みんなで持ち回り、何とか水が出るまでの間をしのぐことができた。

　また、医療関係者が公民館に２人常駐し、徹底的な衛生管理を行ってくれたおかげで、公民館から伝染病や食中毒にかかる避難者はいなかった。

炊き出しの様子

居住エリアの整理整頓や区画整理をリードしてくれたNPOの団体や香川県からのご飯の支援、京都や仙台から駆けつけてくれた食料や物資の支援者、いろいろな料理の炊き出し支援者等の来館があった。

放送局がテレビを用意してくれたり、携帯電話各社が通信環境を整えてくれたり、健康食品の企業が栄養補助のサプリを持ってきてくれたりした。

福岡をはじめ、神奈川、大阪など各地からの支援職員も入ってくださった。災害経験で得たノウハウを生かして、毎日の献立表、物資の保管状況表による管理を推進してくれた。

自分たちだけでは何もできなかったと思う。病人も出ず、争いもなく、スムーズに避難所運営がうまくいったのは、いろいろな人の力が合わさった結果だ。

携帯電話会社から提供された充電器

柔軟に、よいと思った意見や団体の支援を取り入れた。そして、話し合いを通して、常に改善をしていった。

避難者のみなさんが次の生活へのステップをつかむために環境を整えることを目標にした。

応援職員の助言によって整えられたロビー

市の福祉課や住宅課と連携して、仮設住宅やみなし仮設の相談スペースをロビー内に設けたりもした。避難者一人ひとりに必要な支援ができるように、避難者の様子を毎日データ更新して、みんなで情報を共有した。

避難所閉鎖の8月15日には、避難者全員が行き先を決めて出て行くことができた。

避難所運営でつらかったのは、この先どうなるのか見通しの立たないことだった。いつまでこの生活が続くのかわからないというのは、相当なストレスになった。避難者にとっても、同じだったと思う。

ダンボールで区切られた居住スペース

振り返れば課題だったこと

4月17日の本震から10日ほどの間は、ご飯をどうするのか、ということが課題だった。バナナと水とおにぎりしか配給がないなかで、全国からの支援物資や農家のみなさんから

提供された野菜を使って、カレーをつくったり、味噌汁をつくったり、NPOの炊き出しの申し出を受け入れたりしながら、安定して食が提供されるようになるまで過ごしていた。朝食と夕食が確実に配給されるまでの間、見通しが立っていなくて不安だった。

食の心配がなくなると、次は避難者同士の人間関係が課題となった。「仲間はずれにされた。無視される」とか「隣の人がルールを守らないから注意して」等、学校の教室でのトラブルのような事例が多く見られた。よく話を聞いて、丁寧に対応していくことが必要だった。でも、こういったトラブルが解決されていくと人々のつながりは強まっていく。結果的には、良い雰囲気になっていった。

ロビーは避難者の憩いの場となった

他につらかったことを思いおこすと、職員が少ないために夜間の当直がかなり入り、職員が皆疲れがたまった状態で仕事をしていたことだろうか。私は耳鳴りが始まったり、いらいらしたり、おなかがすかなかったりしていた。6月になってある程度落ち着くと、おなかもすいて食べだして、結局は10kgほど太ってしまったが。ストレス！ これは一つの課題だ。

秋津公民館に避難してこられた方は、地域の自治会には参加していない高齢者ばかりで、自分たちで自治会を立ち上げて運営していくのは困難だった。なにか取り組むことがないと張り合いがないので、食事前にテーブルを拭いたり、朝と夕方に掃除をしてもらったりしたが、職員が付いていないと厳しい状況の人も多かった。避難所で長期に生活しなければならない場合、そこにいる者それぞれが何らかの役割を持つことが重要だ。うまくみんなの得意を組み合わせながら、自分の居場所をそれぞれがつくれるように支援することが課題だ。

また、余震のたびにドキリ！ とした。当時は余震の前に地響きが鳴り、その音がストレスになった。少し揺れても目が覚めて、安心して夜に眠れなくなっていた。今でもたまにある余震にびっくりする。心の奥底で、やはり怖いという思いが眠っているようだ。地震を体験した者は、皆そうだと思う。これもまた課題だ。

良かった点は、支援してくださる人たちを必要なところへつなぐことができたことだ。毎日の情報共有を午前8時、午後7時の2回行った。誰が何を必要としているか、どんな支援があるのか、みんなで確認しあった。必要なことには、即動くことを心がけた。

病人への対応、食事の配慮、テレビや新聞、衛生面での配慮など生活のなかでの要望をはじめさまざまな取り組みが避難所運営では必要であったが、病院関係者、行政各課、さまざまなNPO、ボランティア等の得意なところを生かすコーディネートを工夫すること

で、みんなの協力の下に毎日の生活を支援することができた。

結局のところ避難所運営でつらかったのは、やはり、「この状況がいつまで続くのかわからない」ことだった。今から思い返せば、毎日の運営のなかで常にその思いが根底にあった。

そして、このことは、仮設住宅やみなし仮設に入居しておられる人たちを悩ませているものでもあった。みな相当にストレスを感じていた。心の拠りどころがなく、落ち着かない感じ。

被災直後の支援はもちろん大切だが、しばらく経ったあとの支援のことも考えていなければならない。

現在の様子と現在の課題

熊本地震から早6年経った。地震の時のまま放置されている壊れた家も散見されるが、街には新しい家やビルが目立つ。グラウンドに立っていた仮設住宅もなくなり、そこに仮設住宅があったことやいろいろな人のつながりが生まれていたことの痕跡は一つもない。丁寧に整備されたグラウンドで子どもたちが野球やサッカーを楽しんでいる。高齢者がグラウンドゴルフに興じている。

そして、毎朝の通勤で行きかう人々の交通マナーの悪さや暗い表情を見ると、地震の時にあれほど感じていた人とのつながりの大切さも、なんだか大事にしている人が少なくなっているようにも思える。

社会から孤立している人、学ぶ楽しさや人とのつながりを手放してしまっている人もいるが、地震前のようにまた見えにくくなってしまった。

一見、復興したように見えるが、本当にそうだろうか？

更地になった住宅地

コロナ禍で活動が制限され、公民館に集う人もめっきり減っているのもあるが、集い、学び、結ぶという一連の流れが目に見える活動になっているかというと、完全ではないことは否めない。

また、たまにおきる大きな地震にびっくりするとき、実は心の奥では不安を抱えていることも再認識させられてしまう。

これからの公民館の役割

将来の生活に見通しをもつこと。これが被災した本人のなかからでてきたものでなけれ

ば、心の平安を得ることはない。

　一つではないさまざまなつながりが大切だし、それが構築できるようにたくさんの人とのかかわり、きめ細やかな対応が求められる。時間も人手も必要だ。

　そして、学びも必要だ。公民館が学びのきっかけになり、みんなが自分の暮らしを自分でデザインできるようになってほしい。

　災害がおこったときに毎回公設公民館に避難してくる人がいる。自分の身の周りに頼る人がいなくても、ここに来ればとりあえずは安全が確保できる場所として認識してもらえていることはよかったなとも思う。

　避難してくる人が平常時にも館に足を運び、公民館で自分の好きな学びを追究する喜びを感じてもらえる場にしていきたい。

　地域の清掃、自然に親しむトレッキング、草花や野菜の育成を通して、気軽に立ち寄れる学びの場にできないだろうかと講座を立案し、取り組んでいる。

　平常時も災害時にも公民館は、集う人がさまざまな学びに触れる場、自分の可能性を引き出す場であってほしいと願う。昔から公民館は学びの場であり、実践の場、体験の場だ。人々の良さを引き出し、それぞれの学びをつなげるのが公民館の役目だ。公民館の取り組みは、人々が地域で生きがいを見つけるための支援になるし、災害がおこったときの助け合うつながりづくりになる。

　失敗しても大丈夫な場、集まった人たちで喜びを分かち合える場。公民館はみんなの場であり、来る者すべてを温かく迎え入れる場。そして、新しい旅への準備のための場。旅の出発点としての場だ。

学びの「場」としての公民館

　公民館は地域の人にどのような支援ができるのだろうか。

　いろいろな学びに触れることがすべての人に大切であり必要なことだ。人は対話によって学びのきっかけをつかむことができる。また、本を読んだりいろいろな人と話したりすることで、自分が思っていること、やりたいことの形がはっきりしてくるかもしれない。迷っている人はどんな場所でどのような生活を送りたいのか。そのイメージを具体的な形にするために必要なものが何なのか、私たちは彼らの話にしっかり耳を傾け、彼らの心にある答えを引き出さなければならない。

　その取り組みは、働くとはどういうことか？　という問いにもつながるし、自分に合った学びとは何か、他の人の良さを認めて尊重するにはどうすればよいか？　という問いにもつながる。つまり、「社会で生きる」とはどういうことかという壮大な問いにつながっている。

　私たちは、公民館に集まる人を支えながら、自分の生き方をも必死に追求せねばなるまい。これは、主になって動く職員一人が頑張るだけではなく、全員に求められる姿勢だ。

そういう姿勢を持っていなければ、困っている人を支えるのはむずかしいのではないだろうか。公民館の「場」としての機能も維持できないのではないだろうか。

　とはいえ、それを実現するためには相当時間がかかる。心のどこかで軽く気に留めておくくらいの感じでもいい。今からゆっくり焦らず、職員自らが率先して公民館での取り組みを楽しんでいければと願う。そこからきっと「場」としての公民館は動きだすと思う。

　こんがらがって、よくわからなくなってしまいそうな今こそ、原点に立ち返り、感染対策に取り組みながらも、人が集う学びの場としての公民館を大切にしていきたい。

（熊本市秋津公民館　社会教育主事　宮尾　有（当時））

【実践事例5（インタビュー）】　ビッグパレットふくしま避難所の取り組み

ビッグパレットふくしま避難所支援チーム　福島県仮設住宅等入居者支援連絡調整会議事務局（当時）

天野　和彦さんに聞く

1　「命を守る」そこからの出発

　2011年3月11日の発災後、私は、相馬市の小学校の避難所運営などを担当していましたが、4月9日の朝8時ごろ、県庁から電話があって、「ビッグパレットふくしまに行ってくれ」と言われたんです。当時ビッグパレットふくしま（複合コンベンション施設）には、原発事故のため逃げて来た富岡町と川内村の人たちが避難していて、ノロウイルスや急性胃腸炎に感染している人がでて、三十数人が隔離され、「人が死ぬかもしれない」と言うんです。生活も大変な状況だということでした。

　赴任した4月11日に避難所内を見たとき、これは大変な状況だと心底思いました。目の前に広がっていた光景は本当にひどい状況でした。ビッグパレットふくしまも被災していたので、ホールや4階、5階は使えず、残りの1階から3階の小さな会議室や通路に2,000人以上の人たちがひしめき合っていました。ダンボールで区切った仕切りと硬いコンクリートの上に毛布を2、3枚敷いただけのところに、多くの人たちがじっと身を横たえていました。通路の両脇にも人がいて、間が50㎝もないくらいで、すれ違うのもやっとで、トイレの前にまで人がいました。高齢者は眠っているのか起きているのかわからない、若い人は携帯をいじったりゲームをしたりして仰向けになったりしていて、彼らが被災してここに来たのは3月16日ですが、それ以来、時が止まっているかのように思いました。

　我々が着任後すぐおこなったのは、名簿やフロアマップをつくることでした。医療チームと連携して、氏名、年齢、性別、治療中の病気、要介護なのか健康なのか、元々の住所、ビッグパレット内の住所、緊急連絡先、車の有無、DV（ドメスティックバイオレンス）の被害者もいるだろうということから情報開示についても細かい項目まで聞き取りしました。日中いない人もおり、午前と午後、夜にも聞いたりして、

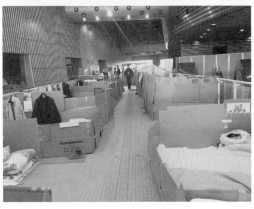

4月中旬ごろの避難所の様子

10日ぐらいかかりました。

その後、その名簿に基づき、障害のある人や高齢の方の家族は1階の平屋のところに移したりして、入所者の区画整理もでき、次の活動に軸足を移していくことができました。こうして名簿をつくることは、避難者の命を守ることにつながります。

女性の専用スペースの設置もこういった聞き取りのなかで生まれました。「着替えをする場所もなくて、毎日が恥ずかしい」という話がありました。これは人権の問題です。女性特有の悩みもありますし、DVの被害者もいましたし、専用スペースをつくろうということになりました。私の今回の強みは、福島県からビッグパレットふくしま運営の全権を委任されており、自由に裁量することができたことです。すぐにビッグパレットの館長と相談し、福島県の男女共生センターに協力してもらって、女性の安全・安心を守り、女性同士の交流の場の提供を目的とする女性専用スペースの実施が決まりました。そこでいやされる女性も出てきました。専門機関と協働することの大切さを示す一つの証（あか）しです。

好評だった女性専用スペース

自警団による見回り

このように名簿をつくっても、避難所から黙って出て行く人や、避難者とは関係ないと思われる人が来ていました。出入り自由では困るので、何か目印になるようなものを付けることにしました。小さなリボンを使って、富岡町の人が赤、川内村の人が緑、その他の町村が黄色とか、そういうようにしました。付けていない人は、受付のところで、「どちらに行かれますか？」と確認をしました。当時の混沌（こんとん）としたなかに、義援金をもらっている人を狙って、宗教の勧誘やヤミ金の人も来ていたんです。「おだがいさま交番」というのもこのとき、設置されました。消防団の方々も自警団を組織して、見回りをしていました。

こうして初めのうちは、命を守るような取り組みをしていましたが、それがだんだんとなんとかなりそうだとなり、次の「自治をつくる」段階に移ってきました。

2 「おだがいさまセンター」設立へ

5月1日に「おだがいさまセンター」を設立しました。

阪神・淡路大震災の仮設住宅で、233人もの人たちがどうして亡くなられたのかということを私なりに考えたときに、これは交流の場の提供と自治の促進が十分に保障されな

かったからではないかと思いました。阪神・淡路大震災で被災した高齢者の方の遺書を読みましたが、「もう一回避難所に戻りたい」というものでした。読んだ当初は意味がよくわかりませんでした。でも、今回はっきりわかりました。ダンボール1枚の向こう側にあるぬくもりとか、息づかいが感じられたわけです。やっぱり、人というのは寂しいと死ぬのだなと思いました。阪神・淡路大震災で被災したときは、避難所から仮設に移ったときに一段落として見てしまったけれど、実はそれがスタートでした。交流の場の提供ということと、自治活動の促進ということが保障されていなかったから亡くなったんだなと。

　富岡や川内から逃げてきている彼らが、宮城や岩手の避難者と決定的に違うのは、自分たちのふるさと（被災地）に仮設住宅がつくれないということ。遠く離れてきた特に高齢者は、通りの名前もわからない、買い物するといってもどこに何があるかわからない。わからないからますます引きこもりになります。

　さらに状況が異なるのは、仮設住宅ですら大変なのに、富岡町だと仮設住宅に移り住む人が14.5％、借り上げ住宅（民間アパート）が45.5％、県外避難が40％ですよ。みなさん、阪神・淡路大震災のこともあり、仮設住宅に住む人のことをよく心配するのですが、私は他の人たちのほうがもっと大変だと思っています。だって借り上げ住宅は、みなさんバラバラなんです。仮設住宅ならまだまとまっていますが、こうやってまとまっていたって孤独死があるのに、借り上げ住宅だったら、どうなるの？　という話です。ましてや、県外避難まであるわけです。今は、仮設住宅、借り上げ住宅、県外避難と、その方々ごとに支援の枠組みを具体化しているところです。

　「おだがいさまセンター」というのは、交流と自治をキーワードに、避難所の段階でその仕組みをつくりネットワークを構築して、仮設住宅に移ったときにもそれをスライドさせていくという発想です。運営は富岡町と川内村の社会福祉協議会のボランティアコーディネーターが中心になってやっています。

3　命を守るための、交流の場と自治活動促進

　「おだがいさまセンター」は、正式には生活支援ボランティアセンターというのですが、普通のボランティアセンターは、外部の機関や団体、個人へ要請をします。ところが、「おだがいさまセンター」は、そうした外へのパイプに加え、プラスでなかへのパイプをもっている点が特徴的です。なかへのパイプというのは、ビッグパレットへ入所されている被災された方々にボランティア活動を呼びかけていきます。

　しかしながら、ボランティア活動とは言わず、第1弾はお世話になっているビッグパレットふくしまに恩返しをしようと言って、「草むしり隊」を募集しました。初めに住民の人たち2、3人の避難者が草むしりをやっていて、「体がなまってしまうからさ～！　こうやっていつもお世話になってるがらな～！」と言っているのを耳にして、「これがいい！」と思いました。

集まっても20人くらいかなと思っていましたが、実際には250人が集まりました。終わった後に、この250人という数字をどう考えたらいいんだろうと、みなで話しました。それが「おだがいさまセンター」が必要だったという確信につながっていきました。つまり、交流の場を提供することで自治の促進につながるということです。黙って草むしりをしている人はいません。

自治会結成準備会で意見を交わす人たち

今日は暑いとか寒いとか、腹が減ったとか減らないとか、この避難はいつまで続くのか続かないのかというようなことを話しながら草むしりをやっていて、それが一つの癒しにつながっていたんです。

　第2弾は、「花植え隊大募集」でした。郡山は福島のなかでも都市部で、ビッグパレットのまわりはコンクリートばかりで土がありません。避難されて来ている人たちに土に触れる機会をつくりたいと思い、文部科学省生涯学習政策局にプランターと苗をお願いしたら、日本園芸家協会と日本植物友の会が500個ずつ送ってくれました。その後、花植え隊の取り組みが畑の取り組みへと発展しました。

花植え隊にはたくさんの人が集まった

　内部の方々へボランティア活動を呼びかけ、活動をしていくなかで、彼ら自身が積極的に参画していこうという機運が生まれてきました。それまでは場がなく、ただそこにいるだけでしたが、「おだがいさまセンター」が「これをやりましょう！」と呼びかけることが必要でした。

　それまでは、呼びかけたことはありませんでした。2,000人を超える状況のなかで、どうやって住民自治をつくっていくのか？　150人とか、200人規模の避難所であれば、すぐに自治もつくれたと思います。だいたいそのなかには、町内会長をやっていたとか民生委員をやっていたとか、お世話をよくされていたとかいう人は必ずいます。しかも、相馬などの私が行っていた避難所では、地域からある程度まとまって来ているので、地域のコミュニティの一部が再現されています。ところが、ビッグパレットの場合には、地域もバラバラでしかも2,000人を超えているので、手法そのもので悩んでいました。単純に2,000人を100人に分けて20グループをつくって、班長を決めてくださいというのは、管理であって自治ではありません。自治とは、自ら治めると書くわけで自分たちが必要だと思っ

て、自分たちでルールをつくって、自分たちで決めて、自分たちで実行していくことです。そこで区画整理をして、整理されたところに回覧板をまわし、自治会結成準備会をやりますと呼びかけ、実施しました。

　準備会ではみなさんに、「自治会が必要だと思うのですが、まずはその前にここでの生活に不満があるでしょうから出してください」と言ったらたくさん出てきました。初めは、お前ら運営側がどうのこうのという不満話が出てきました。それまでみんなを集めて意見を聞く場がなかったので当然です。そのなかで初めは文句を言っていた人が、「今日はこういう場をつくってくれてありがとうな。おれたちもやらなきゃなんないよな」と最後には言ってくれました。

　それで自治会ができて、自分たちで掃除をして、ゴミ捨てもして、お湯も用意するようになりました。それまではすべて職員がやっていました。そういう自治の取り組みができたのは、「おだがいさまセンター」が大きいですね。

　少しずつ順調に回っていくようになった6月上旬に、ビッグパレットでBホールという区画の自治会長になった人が「太鼓を貸してほしい」というんです。「いったい何するんですか」と聞いたら、「夏になったら仮設住宅ができるんだろ。そうしたらおれたちバラバラになってしまうから、もう一度最後にみんなで浜通りの相馬盆唄で踊りたい」と相談に来たんです。私はそれを聞いたとき、涙があふれてきました。ふるさとへの想いと、ふるさとをなくすかもしれないという想いの両方が、盆踊りへとつながったんだと思います。そういう想いを聞いて、我々も「絶対にやりましょう。なんとしてもやりましょう」となって、「おだがいさまセンター」が呼びかけ、さっそく夏祭り実行委員会ができました。場があればやるんです。

　夏祭りは、7月16日と17日の2日間実施し、1日目はこどもまつりをやりました。いよいよその翌日が盆踊りだったんですが、屋外展示場に櫓を組み、提灯がぶら下げられ、入所者の方々が太鼓を叩き、相馬盆唄や川内甚句を歌い、踊りました。みなさん、本当にいきいきとやっていました。泣いている人も大勢いました。泣きながらする盆踊りは初めて見ました。仮設住宅に移った人たちも来て、1,500人を超える人たちが集まりました。「来年もやりたいねぇ」という声があちこちから聞こえてきました。来年どうなるかわからないと思っている人がたくさんいるんです。

　夏祭りは、いろいろな総決算でした。夏祭りなら、食べ物の屋台もあったほうが良いだろうと、今までお世話になった支援グループに連絡してみると、京都の方は宇治抹茶のかき氷を提供してくれる学生グルー

大盛況だった夏祭り

ビッグパレットふくしま避難所の様子を
記録した書籍『生きている　生きてゆく』

プが一緒に来てくれたり、新潟の支援者に連絡すると新潟名物の屋台が出て来てくれた
り、別のグループに連絡すると、焼きそばとかお好み焼きとかをやってくれる人たちが来
てくれたりしました。夏祭り実行委員会は、まさに内部のパイプと外部のパイプをつなぐ
役割をしました。

4　避難所運営は、公民館運営と同じこと

　ビッグパレットでは結局、人が亡くならなかったんです。それを「ビッグパレットの奇
跡」と言ってくれる人もいます。でも私がビッグパレットでアイデアを出して実施したこ
とは、実は何も特別なことではなくて、公民館（社会教育）の原則に従ってしたことだけ
なんです。

　要求をくみ取って、いろいろな方法で直接聞いたり、アンケートを取ったり、調査した
りして事業を実施する。プランナーですよね。次は、事業をつくっていく。プロデュー
サーです。その次は見せ方を考えます。講座名や事業名などです。これはディレクターで
す。そのあとは講座をコーディネートする役割があり、講座後にはサークル化したりする
などでオルガナイザーにもなったり、ネットワーカーにもなる。この一連の流れは、公民
館（社会教育）にとっては当たり前のことです。

　私はビッグパレットでも同じことをしていたんです。住民の状況や実態をよく見てプラ
ンナーとなって、それをプロデュースしていって、ディレクションしていて、コーディ
ネートして、「おだがいさまセンター」をオルガナイズして。

　これは他の部署ではむずかしい仕事なのではないかと思います。公民館や社会教育の職
員だからこそ、できたことなのではないでしょうか。

インタビュアー：村上英己（『月刊公民館』編集部）

【実践事例6（座談会）】　東北地区被災地公民館の復興に向けて

はじめに

　この座談会は、東日本大震災から2年以上が経過した被災地の公民館の被災状況や復興への取り組みや課題などについて、東北地区の公民館関係者が共有しようと、2013年7月に2日間にわたって開催されたものです。なお、ここで取り上げられている状況は、2013年7月末時点でのものです。

　東北ブロックの各県公連から推薦された、岩手・宮城・福島それぞれ3人と青森・秋田・山形それぞれ1人の12人、コーディネーター1人、東北公連事務局から会長ほか3人が参加して実施されました。

※なお、肩書きは当時のものです。また、紙幅の関係で発言を被災地の方だけに限定いたしました。

〈参加者〉

県　名	市町村名	所　属　・　職　名（当時）	氏　　　名
岩手県	盛岡市	コーディネーター（前盛岡市中央公民館長）	坂 田 裕 一
岩手県	大槌町	中央公民館館長	佐々木　　健
岩手県	釜石市	生涯学習スポーツ課社会教育主事	白 岩 健 介
岩手県	陸前高田市	生涯学習課生涯学習係長兼社会教育主事	吉 田 幸 喜
宮城県	仙台市	泉区中央市民センター主査兼社会教育主事	遠 藤 浩 志
宮城県	気仙沼市	大島公民館館長	菊 田　　忍
宮城県	塩竈市	生涯学習センター（塩竈市公民館）主事	大 場 敦 太
福島県	葛尾村	葛尾村公民館館長	松 本 忠 幸
福島県	いわき市	豊間公民館館長	阿 部 栄 一
福島県	いわき市	久之浜公民館館長	門 馬 英 明
青森県	八戸市	社会教育課主幹	金田一 太 庸
秋田県	美郷町	美郷町公民館班長	大 坂 勝 夫
山形県	真室川町	山形県社会教育連絡協議会顧問	松 澤 直太郎
全公連	－	公益社団法人全国公民館連合会事務局次長	村 上 英 己
岩手県	盛岡市	東北地区公民館連絡協議会長（盛岡市中央公民館長）	佐々木 幸 司
岩手県	盛岡市	東北公連事務局長（盛岡市中央公民館長補佐）	高 橋 みどり
岩手県	盛岡市	東北公連事務局（盛岡市中央公民館副主幹兼事業係長）	小 綿 久 徳
岩手県	盛岡市	東北公連事務局（盛岡市中央公民館事業係主査）	村 上 聖 子

コーディネーター（坂田）　　被災した公民館、あるいは岩手・宮城・福島3県の公民館が抱えている問題は何か、併せて今後公民館がどんな役割を復興に果たしていくべきなのか、公民館の再生はあるのかなどの議題について、現場の声を一緒に話し合う機会を設けました。

1　震災時の状況、復興に向けての活動、今後の課題は？

大槌町（佐々木）　わがまち大槌町は「ひょっこりひょうたん島」が生まれたまちです。

その大槌町は、震災の津波によりかなり壊れてしまいました。もとはきれいなまちでしたが今は何もありません。10館の公民館があるうちの3館が被災してなくなりました。私は安渡地区の住民です。家族は幸い無事でしたが、家も何もかも流されて何もありません。

　ついこの間、この3つの公民館をどう復旧させるかということで地域の方々と話し合いをしてきました。復旧というのは元の状態に戻すことを意味します。立派なものをつくりたいという意識は当然あるのですが、今の法律上はそうはいかない部分もあります。現在はまちづくりの方向性という話は出てくるのですが、そのなかに文化や教育（学校教育以外）が出てきません。人々がどういう暮らしをするかのみで、その後に地域づくりをどうするかという話が出てこないというのが現状です。

釜石市（白岩）　公民館の被災状況ですが、釜石には本館が6館、分館が9館ありました。全壊流失してしまったのが本館1館と分館が2館で、地盤が崩

れてしまったりして使用不能になったのが2館あります。

　被災直後の公民館では、どこの公民館でも被災者を受け入れました。市内の公民館、集会所、学校など、最大で9,000人程度の方々をぎゅうぎゅう詰めで受け入れることになりました。最後の避難者がいなくなったのが、2011年8月10日です。私もその日まで、避難所で皆さんのお世話をさせていただきましたが、そのようななかで、思うような公民館活動はできませんでした。実際に避難している人に対して、どのようなことが公民館としてできるのか考えたときに、社会教育だからできるというものまで考えられる状況ではありませんでした。

　復興に向けて動き出したこととしては、避難者が仮設住宅に移ってから、仮設住宅に住んでいる方々を中心に、まず健康に過ごしてくださいということを目的に公民館が中心になって取り組みました。釜石の公民館には保健師が常駐している強みがあって、仮設住宅団地を中心に健康教室、引きこもり予防、介護予防の面からの運動教室、ラジオ体操の啓発などの事業を実施しています。それらを通して、仮設団地という新しいコミュニティをつくっていくという部分と、仮設団地が建てられた地区の既存コミュニティとの融合に対して、公民館がずっと支援を続けています。もう一つ、官民で事業を進めようと地域会議というものが市内8か所にありますが、この地域会議と連携して復興まちづくり計画をどうするかという協議の中心を担っているのも公民館です。そういった活動を通して、復興に向けた活動に公民館が参画しています。

　今後の課題ですが、まず何よりも復旧していない施設があるということです。廃止のま

まか復旧させるのかの住民との合意が得られていません。これから復旧させたいという場合、すでに国庫補助の窓口は閉められている状況で、財源をどうするかという議論もあり、財源に関して言えば非常に厳しいと感じています。それから、民間団体との連携という部分ですが、支援要請がだんだん少なくなってきているなかで、依然さまざまな

支援団体が来ていて、支援の受け入れ業務が負担となっている面もあります。復興を進める過程のなかで、被災された方々で立ち上がってきているまちづくり協議会がありますが、そのなかですら意見集約はむずかしいようです。そういった意見の調整というものも公民館がかかわっており、これらをうまくまとめて復興という一本の道にどうつないでいくかという課題もあります。また、被災された方と被災されていない方がいまして、同じ平等な目線で参画できる事業とはどのようなものか、これからの公民館の事業を展開していくなかで問われるものと思います。

陸前高田市（吉田）

陸前高田市の被災の概要ですが、津波の最大浸水高は17.6mで、死者数1,746人、行方不明者が9人、津波による家屋倒壊4,059棟、公共施設は市の庁舎をはじめ、教育委員会がかかえていた市民会館、中央公民館、図書館、博物館、体育館といったほとんどの社会教育施設が被災しました。教育委員会の被災状況ですが、市職員の死者、行方不明者113人のうち、教育委員会が最も多く44人が犠牲になっています。中央公民館でも公民館指導員4人全員が亡くなりまして、書類やデータ等もなくなったために、公民館活動が著しく停滞しています。地区公民館の被災状況ですが、市内8町に11館あり、気仙、高田、小友、広田の4館が被災し、気仙と高田の職員3人が避難誘導中に津波の犠牲となっています。当市の場合、公民館はコミュニティセンターを兼ねており、職員はすべて嘱託で、ほぼ全員がコミュニティ事務局を兼務しています。地区公民館の震災直後ですが、被災した4館以外は地区本部、避難所、救護所、支援物資の保管場所、支援者の活動拠点に使用されていました。なお各公民館は、コミュニティセンターとして地区本部に指定されており、有事の際は市の職員が行って任務にあたることになっており、コミュニティの兼務職員となっている公民館職員は自主防災組織の取りまとめなどを行うこととなっています。

中央公民館の事業ですが、震災後は生涯学習課が主管となり実施していますが、2011年度は体制がとれず未実施で、各地区公民館には独自でできる範囲内での実施をお願いしました。市民芸術祭は会場もなく、実施するのは早いのではという思いもありましたが、要望もあったので実施したところ、多くの来場者もあり、被災者の生きがいづくりにもなったと感じています。

今後の課題についてですが、一つ目は被災した社会教育施設の再建です。財源の問題、場所の問題、再建までの代替施設の問題があります。二つ目は被災した気仙公民館、高田公民館の活動支援です。気仙地区については、住民がバラバラになっているので、元の住民を集めて活動するとか、居住地の公民館活動に参加するようにするのか、今後館長等と協議する必要があります。高田地区では、最近事務局体制が立ち上がったので活動を支援していくところですが、公民館自体がプレハブなのでむずかしい面もあります。公民館の職員体制ですが、コミュニティセンターの職員を兼務しているということで、なかなか社会教育的な発想ができていないのかなという思いはあります。ニーズの掘り起こしから、課題解決の講座などを企画するべきだと思いますが、コミュニティセンターのほうが優先されて忙しいということでむずかしくなっています。

地域コミュニティの再生ですが、地域の住民が分散しており、仮設住民との共生、子どもの学習環境・運動環境の確保の対応が必要になっていますが、こういったところにも公民館活動の視点を持っていく必要があると思います。

仙台市（遠藤）　仙台市は5つの区に分かれており、この各区に中央市民センターがあり

ます。中央市民センターは、2011年5月から区役所の区民部に移管され、教育局からも辞令が出され区民部門であり教育部門でもあるという立場です。各区の中央市民センターの下に、地区館と呼ばれる市民センターがあり、ひとまち交流財団が指定管理者で業務を行っています。

震災当時、私は小学校の教員をしておりまして、子どもたちを避難させて、同時に小学校の避難所対応をしておりました。今回は、3つの市民センターから震災時を体験した方に取材したことをお伝えします。

宮城野区と若林区の市民センターでは、津波の被害を受けた人たちが避難してきて、その対応をしております。仙台市の指定避難所は全部学校になっていました。ただ、学校が遠いとか、避難所の学校がいっぱいになり、隣の市民センターに押し寄せたということもありました。学校に来る人は、学校に関係あるか、子どもがいる方が多かったですが、それ以外の方々は市民センターに避難された方が多かったと聞いています。

避難者の対応に追われたセンターでは、津波の被害を受けた方や命からがら逃げてきた方々に声をかけてあげられなかったそうです。停電からの不安や、大きな被害を受けた方々への対応をどのようにしたらいいか悩んだそうです。被害を受けた状況もさまざま

で、職員はそれへの対応を考えなければならないということを言っていました。

　逆に建物にも被害がない地域があって、早く普通の生活に戻してほしい、早く講座を再開してほしいなどの要求が出てきました。6月から講座を再開させたところ、9月まで再開できなかったところもあり、地域格差が出ました。南光台市民センターは、建物が一切使えなくなって、講座の再開も場所を間借りし転々とするので、住民のつながりがなくなってしまうのを恐れて、講座に参加したお年寄りたちに手紙などの案内をして工夫したようです。

　今後の課題ですが、まず話を聞いてあげるという対策が必要で、サロン的なものが大切ではないかと考えます。また、津波被害を受けた地区では、震災被害を未来につないでいくために、語り部を育てようという思いもあります。想いをつなぐという意味で、いろいろな講座をしているのですが、一番大きな課題は、仙台市全体のなかでの温度差です。被災された方と全く被災されていない方との温度差は大きなものがあります。防災教育のやり方を検討中でありますが、同じ仙台市の市民センターのなかでも、やはり温度差というのが非常に大きな、これからの課題になるのではないかと思っています。

気仙沼市（菊田）　気仙沼市には公民館が9館ありまして、そのうち3館が被災してなく

なってしまいました。中央公民館は津波に流されて、現在は職員全員が分館に行っています。鹿折公民館は鹿折小学校に、小泉公民館は泉中学校に間借りする形で行っています。今日は大島公民館について報告させていただきます。

　大島は、気仙沼湾に浮かぶ南北7.8km、東西1km、周囲約22kmの島です。公民館は避難所に指定されていましたが、天井が落ちたりして使えない状態になって、最初は遺体安置所として使用されました。一次避難所として小中学校、市民センターのような施設、自治会館や個人会社の事務所など7か所に避難しました。当時3,200人ぐらいの人口でしたが、3月15日時点で1,375人が避難所に集約されていました。犠牲者は死者、行方不明者を含めて31人、亡くなった方には申し訳ないのですが、人口に対しての割合は比較的少なかったと思っています。

　発災直後の大島公民館は、市役所の出張所と同じ建物にありまして対策本部になりました。物資の受け入れや捜索活動のボランティアの受け入れということで、公民館職員というより市の対策本部の一員として活動したということが一番大変な仕事でした。被災直後に大変だったのが火事ですが、気仙沼市内のガスタンクが流出して、そこにがれきが流れて引火し、火がついたまま大島に流れてきて火災が発生しました。私も消防団に入っているので、三日三晩寝ないで消火活動にあたりました。

　公民館の活動としては、約1年経ってから例年の活動が始まりました。将来に向けてですが、若者の公民館活動というか事業の参加が少なく、震災後に若い人たちの参加が少なくなったことを少し心配しています。

塩竈市（大場）　塩竈市の被災状況ですが、生涯学習センター（ふれあいエスプ塩竈、以下「エスプ」）のほかに4つの公民館があります。浦戸諸島に分館があって、ここは津波によって大破してしまい、解体撤去になってしまいました。公民館本館は避難所としての役割を2011年6月まで果たしました。エスプは、ボランティアセンターの受け口として2011年4月まで受け入れをしていました。

　震災から少し経ってからの状況ですが、公民館本町分室に市の都市計画課と定住促進課が入ったり、体育館が使用不能になったりしたことで、そこで活動していたサークルが公民館本館に流れてきて、部屋取りが厳しくなり、活動の場を提供することがむずかしくなってしまったという状況です。

　エスプは、2011年7月から講座等を震災前と変わらないメニューで実施することができました。また、震災復興を目的としたイベント等が増加しました。各方面から声をかけていただいて、積極的に受け入れ、震災復興の心のやすらぎの場を与えるということを考えながら事業を実施しました。

　今後の課題ですが、一定の震災需要も収まって、来館者数が減っているということがあります。また、浦戸にある公民館分館がなくなったために、島の人たちに、公平に生涯学習の場を提供することがむずかしくなりました。

葛尾村（松本）　葛尾村ですが、郡山市から太平洋に向かって福島第一原発とちょうど真んなか辺にある、人口が1,500人ほどの山村です。村の一部が半径20km圏内の「警戒区域」に入っていて、全村避難してから2年4か月経ちました。

　震災直後は、地震については役場の建物が一部落下や暖房配管の漏水などがありましたが、建物本体には影響がありませんでした。村内の被害状況ですが、屋根瓦の落下が45棟ぐらいで、人的被害、家屋の倒壊などはありませんでした。

　2011年3月11日の午後9時23分に、原発から半径3km以内に避難指示、10km圏内には屋内退避指示が出まして、県の防災無線が入っていましたが、だんだん機能しなくなりました。12日に入り、テレビなどで確認がとれ、5時44分に半径10km圏内に避難指示が出ました。葛尾村は半径10kmに入っていません。その後、午後3時31分ごろに1号機の大規模な水素爆発があったわけです。テレビを見ていたらすごいことになっていて、ただごとではないということで、避難の準備を始めたという状況でした。午後6時ごろになると半径20km圏内で避難指示が出ました。国や県から連絡があったわけではなく、テレビを通じて知ったわけです。防災無線も通じませんでした。自分たちの判断で避難指示を出しました。村には原発事故に対する備えは何もありませんでした。放射線を測る機械もありませんでした。国は半径10kmしか想定していなかったのです。職員は分担して避難に向けての

準備を進めていました。その最中に３号機の水素爆発がおきて、我々もこのまま死んでしまうのかと恐怖感を覚えました。午後９時５分に原発のオフサイトセンターから全員が退避したという情報が入り、午後９時20分に防災無線で村民に全村避難を呼びかけ、その１時間後に、準備していた５台のバスで福島市の総合運動公園に行きました。とりあえずそこに行けばなんとかなるだろう、一週間もすれば帰って来られるだろうと思っていましたが、いまだに避難生活は続いています。

　2013年６月30日現在の避難者数は、全村民1,510人、県外に97人、県内に1,413人です。郡山市の借り上げ住宅に609人、三春町の仮設住宅に804人で、そこに仮の村ができあがっている状態です。そのような状態ですので、公民館活動は比較的早く復興することができました。公民館活動のほかにも支え合いセンターというものがあって、安否確認とか引きこもり防止などの活動をしています。公民館活動を通してコミュニティの強化ということで、力を入れて若い人たちを支えていかないと葛尾村は成り立ちません。高齢者の生活支援も含めて、全村民で行っていこうと現在進めています。崩壊してしまったものをもう１回つくらなければならず、人づくり、文化の復興ということで、村を担う創造性と自主性に富んだ人づくりを行おうと学校を４月から再開しましたが、力が及ばず子どもたちが戻ってきてくれませんでした。現在、小学生14人、中学生５人しかいません。そのようななかで、復興計画の素案をつくって取り組んでいます。

　今後の課題として、帰還に向けての問題ですが、放射線量の基準を国が示してくれません。除染は始まっているのですが、どこまで落としなさいという明確な基準がないのです。たとえ除染が終わったとしても、若い人たちに戻ってきてもらわないと、限界集落どころか限界自治体になってしまいます。プラントが不安定で、使用済み燃料がたくさん残っているので、戻ってもまた避難しなければならなくなるという不安があって、若い人たちは戻りたくないと言います。放射能の汚染は元には戻せない。それが頭の痛いところです。

いわき市（阿部）　豊間地区というのは、いわき市の海岸線の中心部にあって、公民館は海から直線300ｍぐらいと非常に近いところにあります。

　震災当日は、ただごとならぬ揺れで近隣の家屋の屋根瓦などがどんどん落ちてきました。ただそのときは、津波が来るということは思い浮かびませんでした。近隣の方々が数名公民館に避難してこられまして、２階から海を見ていましたが、すごく真っ黒な海が海岸線から押し寄せてきて、家を流していきました。公民館は駐車場まで波が来ましたが、建物には上がりませんでした。津波のがれきで道路がふさがってしまい、完全に通行できなくなりました。公民館から小学校までの間だけがかろうじて通れるということで、地域の皆さんは小学校に移動して一晩を明かしました。暖房もなく、明かりもないなか、一晩過ごしました。食べるものもありませんでした

が、翌朝、近所の水産加工場のかまぼこの差し入れをいただいて、皆さんに配りました。その場所にはいられないということで、山側の住宅の庭先を通って県道まで抜けて、そこからバスで内陸部の小学校に移動しました。

　自分の公民館では仕事ができないので、3か月ぐらいは中央公民館で震災の対応をしていました。その後、豊間公民館に戻りましたが、地元の区の役員の方々が住民主体で復旧・復興を進めたいと豊間復興協議会を立ち上げて、そちらの後方支援をしながら仕事をしていました。後方支援の内容ですが、災害補助金の申請を手伝ったり、手づくりの住宅地図を貼り合わせたマップをつくったり、遺留品を展示したり、それから視察の団体がかなり多いのですが、そういった方々への対応などもしています。

　いわき市全体で127か所の避難所があって、そのうち22館の公民館も避難所となりました。避難所は7人から210人、2日間から210日間まで状況はさまざまですが、多くの公民館が避難所以外にも食料や支援物資の配布、給水の拠点など、地域の拠点施設として大きな役割を果たしてきたと思っています。

　さきほど、仙台市の遠藤さんからもお話がありましたが、沿岸部と内陸部の方々との意識の温度差というものをすごく感じます。中央公民館にいたとき、震災の直後すぐに「いつから公民館使えるんだい？」という問い合わせがあり、内陸部との温度差を感じました。

　今回の震災は、公民館の従来のあり方を見直す契機となりました。教育委員会において公民館を見直すプロジェクトチームを立ち上げ、より地域と連携して、これまで以上に地域コミュニティの形成に寄与できるような新たな公民館の将来像を検討しているところです。最後になりますが、本当に地域の皆さん方は、ふるさとがなくなってしまうという強い危機感を持っています。そのために行政主導でなく、自分たちが主体となって考えて、市のほうにいろいろ提言していこうという趣旨から豊間復興協議会は立ち上がりました。「よりよい住民ワークショップ」などを開催しながら市に提言したりしています。

いわき市（門馬）　　久之浜町というのは小さなまちです。人口はだいたい6,000人ぐらい

のまちで、今回の震災で行方不明者や関連死も含めて、約70人の方が亡くなっています。まちには防災無線がありましたが、最初の地震で壊れてしまい何も放送されませんでした。そのようななかで波が押し寄せて、人や家、車を飲み込んでいきました。公民館の周りの家も津波にやられましたが、それが防波堤のようになって公民館はなんとか無事でした。そうこうしているうちに、火災が発生しました。いわき市では唯一の火災発生です。公民館の周りは、浸水で川のようになっているため、脱出不可能な状態になっており、火の粉が盛んに公民館の屋根に降り注いでいることから、その時点で取り残された公民館職員は、このまま公民館も燃えて自分たちも死ぬのではないかと覚悟しました。しかし、運よく、公民館が鉄骨造り

だったことから類焼は免れました。流れてきた海水には重油も混ざっていたので、なおさら火災を大きくしました。せっかく津波に耐えて残った家も火災によって燃えてしまったという方もたくさんいます。火災は翌朝に自然鎮火するまで続きました。

　久之浜公民館は、1966年建築のいわき市最古の公民館です。今、復興計画が進んでいまして、この地区は平坦で高齢者が多いことから、同じ場所に防災施設をつくろうということで、公民館と支所を取り壊して3年後に公民館と支所が一体となった津波避難施設をつくる予定です。

　先ほど、人口は6,000人と言いましたが、住民票のうえでは5,000人ぐらいとなっていますが、住民票だけを残して避難している方も大勢いますので、実際は約半数くらいは避難しています。

　久之浜・大久地区では、一部原発30km圏内となっていたことから、市独自の判断で全住民避難となりました。現在でも、小学校では約4割の子どもたちが避難しています。中学校は半分です。久之浜から遠い地区に避難している人が多く、バスで通学しています。一番遠い子は片道約1時間半かかります。まちに人がいない、子どもがいないという状況のなかで、公民館としては、まず、地区のイベントのお手伝いをしたりして、地域の方の置かれている状況を知り、また、公民館では、漂流物の整理もしていたので、訪れたたくさんの地域の方やボランティアから、いろいろと情報収集を行いました。公民館では地域の方から聞いた思いをボランティアに伝え、また、そのボランティアの思いを地域の方に伝えました。こうして、公民館は地域住民とボランティアの方々の橋渡しの役目を担いました。

　震災の半年後から、ようやく市民講座を再開することができまして、震災に関連した講座を行いました。地域では、車を持つ若い世代の避難者が多いことから、平日では送迎ができないので高齢者はあまり来ません。そこで、公民館事業を実施する際の曜日については、主に、若い世代が動ける土日に実施するようにしています。

　今後の課題ですが、確かに復興計画は進んでいますが、心の震災復興が必要だと思っています。例えば、今まで仲良くしていた隣近所の方が離れ離れになったため、仮設住宅にいてだれとも話さないで孤立化している人がいます。特に、比較的、社交性のある女性よりも男性に多いようです。震災時のショックが癒えず、いまだに苦しんでいる人もたくさんいます。そういう人のケアとかが大切だと思います。また、先ほどもあったように、意識の温度差がすごく大きいことが問題だと思っています。実際に被災している人と被災していない人との感じ方が大きく異なっていたり、震災はもう終わったとか、震災復興の事業はやる必要ないとか、ボランティアももう必要ないとか、悲しくなってくるような発言が多々あります。福島県では、原発問題が解決していないので、震災の被害は、風評被害も含めて、拡大進行中であると思います。

　現在、震災関連の事業や、ボランティア主催の事業等を、年間50事業程度、関与してい

ますが、今後は、行政、地域、ボランティアの連携体制を確立させるために、さらに力を入れていきたいと考えています。

2　避難者の受け入れ

コーディネーター（坂田）　仙台市の遠藤さんの報告の避難者への対応というなかで、避難所であろうとなかろうと公民館にきたら引き受けなければならないのではと思いました。首都圏は特にそうですが、帰宅難民がいましたよね。帰宅難民がいるのに、公民館ではなく学校が避難所だから引き受けないと門を閉ざしたところも結構あったと聞いています。ところが学校にはおおかた非常用発電機がありません。公民館は小さいところにはありませんが、大きいところはほとんど非常用発電機を持っています。一時受け入れは公民館がやらなければならないと思っていますが、仙台市は都市部なので対応が分かれたと聞いていますが、いかがでしょうか。

仙台市（遠藤）　私も震災時に公民館にいなかったので詳しくはわかりませんが、聞いた話だと館長の判断で受け入れたというのがありました。ただ、それが後になって市のほうからなぜ受け入れたという話があったようです。指定避難所には物資が行くが、補助避難所には物資が行かないという考え方のようです。ただ、それを受けて、今は補助避難所として避難所の学校と連携して対応したり、避難所開設委員会でもって共同で行う方向になっています。

大槌町（佐々木）　大槌の場合は、公民館はすべて避難所になりましたが、指定避難所でない一般の民家やお寺とかも避難所になっていました。そこにまんべんなく物資を運ぶということをしたのですが、少なくとも行政の立場からすると、どこに避難者がいるということを確かめたうえで、そこに物を送るということをずっとしてきました。避難所に指定していてもしていなくても、そこに避難者がいるならば、そこはもう避難所に自然になっていったという感じです。ですから公民館に限らず、いろいろな所に避難者がいるならば、そこにそれなりのコミュニティなり、組織ができあがっていくという過程のなかで、そこの代表の方々をある時期から1か所に集めて情報共有をし、物資を共有し、それをそれぞれが持ち帰るということが大槌の場合はありました。

コーディネーター（坂田）　盛岡市の場合も一時避難はどこでも引き受けろと、落ち着いたら集約化するということで対応していこうと震災後改めてつくり直したわけですが、どこでも受け入れるべきだというふうになったところがほとんどではないでしょうか。

いわき市（阿部）　いわき市の場合は、新興住宅地のなかに中央台公民館がありますが、そこは避難所に指定されていませんでしたが、避難してくる方がどっと押し寄せてきて、館長の判断で受け入れをしたと聞いています。避難所に指定されていなかったが、支援物

資もいただいて避難所になったというケースはありました。

コーディネーター（坂田）　被害が大きければ大きいほど、マニュアルどおりにはいかないということで、その現場のリーダーがどう判断するかというのがすごく大きいし、柔軟な対応が求められるということだと思います。

大槌町（佐々木）　そこで核となったのが館長さんでした。現場にあっては公民館長と町内会、自治会の方々が一緒になるということがおきました。公民館という役割と役所の人間という役割ということを地域の方々がきちんと理解していましたので、非常にやりやすかった。

3　住民の温度差

コーディネーター（坂田）　非常時に融通が利く判断をとれるか、特に公民館は地域と密着しているので地域の住民の方々と一緒に行動をとれるかどうかというのが、館長さんの役割だと思います。それから、住民の温度差です。同じ公民館のエリアのなかに被災された方、被災されなかった方が混在して暮らしています。そのなかで公民館がどのように対応すべきかが重要です。

陸前高田市（吉田）　被災者が多かったので、1年後ぐらいからはかえって被災していないところよりも被災者が優先されるので羨ましがられました。あとは文化財の関係で、被災直後からまだ文化財のことを言う時期ではないだろうというときでも、これをレスキューしてほしいとか言う方も結構いて、被災者の対応と文化財の対応の板ばさみになったということがあります。

釜石市（白岩）　被災していない人は早く自分の生涯学習を進めたいということで、2011年の4月か5月でしたが、この講座はまだですかという問い合わせはありました。あと、被災した人のなかでも、早く復興しようと思う人と、いまだにそれに立ち行けない人との温度差というのも強く感じています。大きく二つということではなく、今までは大なり小なり震災という一つの事象を中心として、そこに向いていたみんなの気持ちが、徐々に被災したかしていないかということで軸が分かれていって、さらにそれぞれのなかからいろいろな考えの軸が出てきています。それで住民の間で生涯学習というものだけではなく、自分に対しての思うところの軸というのは徐々に複雑になっています。

大槌町（佐々木）　住民の温度差が土台ですけど、職員にも温度差があります。職員のなかにも、被災している者と被災していない者がいるわけです。私は、家族は無事だったが家がない。家族を失い、家がない人もいます。一方で、家も家族も無事という人もいます。職員の温度差で、仕事に向かう姿勢が違いますよ。

4　震災前からのことで生かされたこと

コーディネーター（坂田）　震災前の公民館活動が、被災したときに何か生かされたと

か、日ごろから住民と交流があったからこそ避難所でうまくいったとか、そういうことはありましたか。

釜石市（白岩）　釜石市の公民館は、2006年から公民館のほかに各地区の生活応援センターという２つの看板を持っています。これにより、市の正職員が配置されました。市長の意向により、地域の課題は地域で解決せよということで、公民館の職員が生活応援センターの職員として地域に出向いていく機会が多かったということがあり、地区内の町内会長やいろいろな活動をしている方を知っていました。ですので、何かが必要なときにだれに頼めばいいというのがわかり、適切に対処できたということがどこの公民館でもありました。また、公民館ではないですが、学校支援地域本部があると、ボランティアがいて地域と学校がつながってきたということで、学校が避難所になったときに避難所運営にものすごく寄与したということが文部科学省で報告されています。

陸前高田市（吉田）　公民館で防災関連の講座とかはいくらか役に立ったと思いますし、公民館の館長とか主事は地域の有力な方がなっているので、人脈もありますし、公民館事業というより、人としてのつながりで避難所運営が混乱しなかったと思います。

大槌町（佐々木）　大槌はありがたいことに、被災した公民館３館は非常勤館長がいるところでした。３年から４年務めてきた方々です。公民館長は地域のことを知っているし、地域の方々と密接なつながりがあります。一方で、町内会長よりも公民館長にみんな集まってくるという関係性があります。公民館が地域のなかできちんと動いていたということが確実にわかりました。地域住民と公民館長との関係性が良く、避難所運営がうまくいったと思います。

コーディネーター（坂田）　大船渡もそうでした。民俗芸能と公民館活動を一体にして、

それを中心にコミュニティをつくっていくとか、そのような活動を聞いたことがあります。

5 公民館が復興のためにできること

コーディネーター（坂田） 公民館は、震災復興のために何ができるのでしょうか。

いわき市（門馬） 実際、地域住民の側から言えば、役所とか公民館はみんな同類に思われています。当地区では、支所に復興対策協議会という組織がありますので、この組織が、実際に復興事業を行うことになります。教育委員会については、組織が異なるので、復興事業そのものは行っていけないとされ、あくまでも、復興に関係する学習の場を提供することが主とされています。

　住民側からすれば、復興イベントを行うのに、支所や公民館の区別はないので、当然に、支所と公民館の両方が参加しているものと思っていることがありますが、公民館が参加する場合は、個人としてボランティア参加となることも少なくありません。

　このような役所の縦割り行政の弊害をなくすためには、行政が一体となって地域の復興を進められるような体制づくりが必要だと思います。

　あとは、行政を含めての地域住民の意識の温度差が結構大きいので、それを解消していく努力が必要ではないかと思っています。

いわき市（阿部） 同じいわき市の公民館ですが、私どもの公民館は逆で、復興担当の部署とか地元の復興協議会とのかかわりが非常に多いんです。サービスセンターという機能があるということもありますが、復興の会議などには必ず出席して、地域と行政担当課をつなげる役割を求められています。今、災害公営住宅も2014年度の春から入居できるということで復興がだいぶ進んでおりますが、すでに内陸部に家を建てて住んでいる方がだいぶおられます。復興協議会でも、震災前の姿に戻れるのかということをだいぶ危惧しています。もとどおりのコミュニティを形成するためには、公民館がどのような役割を果たしていけばいいのかというところが今の課題と考えています。

葛尾村（松本） 課題は、やはり若い人や女性が戻らないということで、そのような方々については10年単位で今後のことを考えていかなければならないと思います。こういう方々が戻らないと、公民館活動も成り立っていきません。今後の公民館に何ができるかということですが、放射線教育あたりに重点を置いて活動していきたいと考えています。

塩竈市（大場） 地域での被災の度合いに差があって、職員にも差があるということが、復興のうえで弊害になっているのではないかと思います。被災されてどうしようもない人もいますし、すぐにでも何かやりがいを見つけたいと思う人もいて、意識の差が大きいと感じています。公民館としては、そういう人たちを全部カバーしたいと思っているので、公民館を皆さんの憩いの場にしたり、コミュニティづくりの中心を担っていったりすることが課題になってくるのではと思いました。

陸前高田市（吉田）　公民館の役割は、やはり震災でばらばらになった住民のコミュニティづくりです。学びを通じて、人と人をつなぐような事業が必要だと思いますし、復興に向けて主体的な住民の育成といいますか、個人の趣味とか教養的なものだけでなく、そういった視点からの事業が必要だと思います。そのためには、公民館自体の職員の意識を高めることが課題だと思います。

釜石市（白岩）　公民館の役割は、皆さんが言われているとおり、市民の方々の自主的な学びを実現させていくということ、その学びを通じてそれに参画する人同士のつながりを深めていくことだと思います。それを復興というものに限定するのであれば、今、釜石では公民館を一つの基点として、それぞれの地区の復興計画のあり方とか進め方についても、公民館を中心とした住民間同士の協議の場や、行政との調整や意見の交換などの場面があるわけです。こういった意見交換こそが学びの場として認知されて、お互いに資するものになればいいと思います。公民館、あるいはその地域に意思決定を預けるのであれば、行政はその地域の自主的な決定を促すにとどめるべきです。そういった形で公民館を中心として、そこからつながる行政と地域がそれぞれ自主的に決める・学ぶということを、公民館の立場からどれだけ訴えていくことができるかが、今後の復興を考えるうえでの課題と思っています。

大槌町（佐々木）　今後の復興に向けるまちづくりの一番大切な部分は、生涯学習だといつも思っています。今回の震災の前には14人の職員がいましたが、今は6人体制です。非常勤の方々が増えていますが、その非常勤の方々が仕事をしてくれるおかげですべてが回っているという状態です。どこの市町村も同じだと思いますが、首長も教育長も社会教育経験者はほとんどいません。文部省から文部科学省になったとき、文部科学省は次の世代の子どもたちをターゲットに物事を進めていく、生涯学習をもっと進めていくということで、いろいろな政策を展開するのですが、現場に来ると依然として義務教育が主体となっています。生涯学習は何でもできるということの柔軟さが理解されるということはほとんどありません。だから、首長や教育長、議員にも、社会教育や生涯学習について理解してもらうように努めなければならないと思います。意識してもらわないといけないと思います。

　自分自身がいかに努力し、学ぶことによって、いろいろなことが変わってきます。復興はまさに生涯学習しかありません。町内会や自治会で何かをする場合、お互いに折り合いをつけてやっている、人と人とのかかわりというとまさに生涯学習しかない。地域の拠点が公民館であるということを考えるならば、施策がもっと教育にシフトするべきであるし、首長や教育長がこれまで以上に生涯学習に力を入れてくれるなら、とてもいいまちになると思います。役所の職員もどんどん社会教育の経験をし、地域に出て、地域の一員として地域の方々と密着すること、それが行政にいかに生かせるかが大事ではないかと思います。

盛岡市（小綿）　盛岡では、震災後数日間避難所運営は経験していますが、その後は沿岸の津波による被災地などで、何かお手伝いできることが少しでもあればということで取り組んでいます。

　復興のために何が必要かと私なりに思うことですが、震災前の状態に戻れるようにというのが一番だと思います。まだ、他の市町村に避難されている住民の方々がたくさんいます。盛岡市にも700世帯を超える方々が今なお避難している状態なので、そういった方々をどうやって戻すのかというと、今は思いつきませんが、以前住んでいた方々が元に戻れるような状態にすることが課題なのかなと思っています。

　公民館は行政のなかでもどちらかというと住民の方々に近い位置にあると感じています。行政のなかでも公民館で仕事をしていると、住民の方からお礼を言われたり誉められたりということが時々ありますが、住民と近い関係の職場だと今までの経験から感じています。人を育てるなど、今までもいろいろなお話がありましたが、今、若い人、青年団も少なくなってきましたが、そういう活動をしてきた人というのは地域でのリーダーシップが発揮できると思いますし、今現在も地域でリーダーシップを発揮している人というのは、昔それなりの活動をしてきた人だと思っています。今後も公民館で人を育てるということも必要だと思いますし、地域に寄り添って地域が意見をまとめて、それを行政に上げていくというのも必要だと考えています。

コーディネーター（坂田）　皆様、誠にありがとうございました。

第4部

各種参考様式

公 民 館 防 災 度 チ ェ ッ ク リ ス ト

　災害への事前の備えとして、次のようなチェックリストを用意しました。チェックが入らなかったところは、見直しましょう。

　また、その地域の実状に合わせてリストを加除修正し、公民館独自のチェックリストを作成しましょう。

項　　　　　目	確認
・自分のまちの防災体制を確認し、公民館の位置づけを知っている。	☐
・施設・設備の耐震性・耐火性は十分である（耐震診断を行っている）。	☐
・備品類の転倒防止、固定強化を実施している。	☐
・この1年間に、館内で災害対策について話し合ったことがある。	☐
・避難所となった場合の対応を事前に想定している。	☐
・災害発生時の職員の役割分担表、行動マニュアルを作成している。	☐
・館独自の災害対応マニュアルを作成している。	☐
・来館者の避難用の場所および避難経路を複数用意している。	☐
・自治会や自主防災組織等と、避難所になった場合のことについて協議している。	☐
・この1年間に、地震（災害）を想定した避難訓練を実施した。	☐
・公民館のカギを自主防災組織の代表者等、他の団体（者）も保管している。	☐
・水、食料、生活物資などの備蓄をしている。	☐
・防災物品などをそろえている。	☐
・新型コロナウイルス感染症対策用のマスク、消毒液などをそろえている。	☐
・緊急放送設備、火災報知器、発電機等の防災機器類を定期的に点検している。	☐
・防災機器類の使い方を熟知している。	☐
・他の公民館における災害対応事例を調べたことがある。	☐
・安全点検チェックリストを作成し、定期的に安全点検を行っている。	☐
・緊急連絡網を作成している。	☐
・通信体制を複数用意している（電話以外の通信手段の確保と機器操作の習熟）。	☐
・同種（または類似）施設との間で、災害救援協定を結んでいる。	☐
・この1年間に、住民に対する防災学習の機会を設けた。	☐
・災害対応の記録の準備をしている（業務記録のフォーマットがある）。	☐
・公民館の協力者（ボランティア）との連携を密にしている。	☐
・	☐
・	☐

災 害 時 職 員 分 担 表

役割名	職員名	職　名	交代員	役割分担
総括責任者		館長		
避難誘導班				
応急防災班 （１階） （２階） （３階）				
救護班				
衛生班				

避 難 所 開 設 準 備 チ ェ ッ ク リ ス ト

項　　　目	内　　　　　容	確認
１．避難者の誘導	・公民館内にいる避難者をまとめ、避難場所への誘導	☐
２．開設方針の確認	・災害対策本部からの開設指示の有無	☐
	・避難指示の有無	☐
	・被災者からの開設要望の有無	☐
３．建物の安全確認	・応急危険度判定士による安全確認	☐
４．二次災害の確認	・火災、津波、土砂災害等の危険性がないことを確認	☐
５．開設準備への協力要請	・避難者に対して当面の運営協力呼びかけ ☞ 様式 1 - ⑥	☐
６．避難所運営委員会設置	・応急的な避難所運営委員会を設置	☐
７．物資の確認	・備蓄倉庫 〔場所：　　　　　　　　　　　〕	☐
	・運営用備品〔場所：　　　　　　　　　　〕	☐
８．居住組の編成	・部屋ごとの居住組の編成	☐
	・居住組ごとの代表者の決定	☐
９．避難スペースの確保・指定	・避難スペースの確保	☐
	・部屋割りの指定	☐
	・立ち入り禁止スペースの指定	☐
10．利用室内の整理・掃除	・破損物等の片付け	☐
	・机、椅子等の片付け	☐
	・清掃	☐
11．受付の設置	・受付の設置場所〔場所：　　　　　　　　〕 　長机、椅子、マスク、消毒液、体温計、筆記用具等の準備	☐
	・避難者名簿等の準備　　　　　　　　☞ 様式 1 - ⑩	☐
	・受付付近に避難所利用範囲、トイレ等の利用ルール等を掲示　　　　　　　　　　☞ 様式 1 - ⑤、⑯、2 - ①	☐

12. 避難所看板設置	• 門、施設扉付近に避難所看板を設置	☐
13. 負傷者、遺体、 要援護者	• 負傷者、遺体への対応	☐
	• 要援護者へ配慮	☐
14. ライフラインの確認		
電気	• 電気の使用可否	☐
	• 放送設備の使用可否	☐
水道	• 水道の使用可否	☐
電話等	• 電話の使用可否	☐
	• ＦＡＸの使用可否	☐
	• インターネット、Wi-Fiの使用可否	☐
	• 防災無線の使用可否	☐
道路状況の把握	• 避難者からの情報収集	☐
15. 本部への報告 外部への連絡	• ＦＡＸ、電話、メール、ＳＮＳ、伝令などの手段を用いて災害対策本部へ連絡　　　　　　　☞ 様式１-⑪	☐
	• 外部との連絡手段を確保	☐

※そのときの状況により、このとおりにはならないこともあります。

避 難 所 運 営 委 員 会 運 営 規 約 （ 案 ）

（目的）

第1　自主的で円滑な避難所の運営が行われることを目的として、避難所運営委員会（以下「委員会」という。）を設置する。

（構成員）

第2　委員会の構成員は、次のとおりとする。

一　避難者で編成する「（避難者）組」の代表者

二　行政担当者

三　施設管理者

四　避難所で具体的な業務を運営する班の代表者

2　前項の規定にかかわらず、（避難者）組の代表者数が多い場合には、互選により委員会への出席者を選ぶことができる。

3　委員会で承認されたときは、自治会、町内会などの役員や継続的に活動するボランティア団体のリーダーは、委員会に出席し意見を述べることができる。

（廃止）

第3　委員会は、電気、水道などライフラインの復旧時を目処とする避難所閉鎖の日に、廃止する。

（任務）

第4　委員会は、避難所の運営に必要な事項を協議する。

2　委員会は、毎日、午前＿＿＿時と午後＿＿＿時に定例会議を行うこととする。

3　委員会は、具体的な業務を執行するために、避難者で編成する総務班、名簿班、食料班、物資班、救護班、衛生班、連絡・広報班及びその他必要となる班を設置する。

（役員）

第5　委員会に、委員の互選による会長1名、副会長＿＿＿名を置く。

2　会長は委員会の業務を総括し、副会長は会長を補佐する。

（総務班の業務）

第6　総務班は、主として災害対策本部との連絡、避難所の管理、ボランティアの受け入れ、マスコミ対応に関することを行う。

2　総務班は、避難所内の秩序維持に努める。

3　総務班は、避難所の消灯を午後＿＿＿時に行う。ただし、体育館などは照明を落とすだけとし、廊下、職員室など管理のために必要な部屋は消灯しない。

4　総務班は、避難者の退所状況などを踏まえ、避難部屋の移動を定期的に行う。

5　総務班は、委員会の事務局を務める。

（名簿班の業務）

第7　名簿班は、避難者の名簿の作成、管理に関することなどを行う。

2　名簿は、避難者の世帯ごとに作成する。

3　名簿班は、近隣の在宅被災者についても把握に努める。

（食料班の業務）

第8　食料班は、避難所の救援食料の配給に関することを行う。

2　食料班は、公平性の確保に最大限配慮して配給を行う。ただし、どうしても配給する場合は、委員会の理解と協力を得てから行う。

3　食料は、（避難者）組ごとに配布する。

4　食料班は、避難者以外の近隣の在宅被災者にも等しく食料を配給する。

（物資班の業務）

第9　物資班は、避難所の物資の配給に関することを行う。

2　物資班は、公平性の確保に最大限配慮して配給を行う。特別なニーズがある物資など特別な配給については、委員会の理解と協力を得て個別に対処する。

3　物資班は、避難者以外の近隣の在宅被災者にも等しく物資を配給する。

4　物資班は、不要な救援物資が到着したときは、受領を拒否する。

（救護班の業務）

第10　救護班は、高齢者、障がい者など特別なニーズのある被災者への支援を行う。

2　救護班は、避難所内の子どもの保育、活動の支援を行う。

（衛生班の業務）

第11　衛生班は、消毒液、トイレ、ゴミ、防疫、ペットに関することなどを行う。

2　衛生班は、毎日、午前＿＿＿＿時、午後＿＿＿＿時及び午後＿＿＿＿時にトイレを清掃する。

3　ペットは、室内以外の別の場所で管理していただく。

（連絡・広報班の業務）

第12　連絡・広報班は、電話の問い合わせや避難者の呼び出しに関することなどを行う。

2　連絡・広報班は、午前＿＿＿＿時から午後＿＿＿＿時まで電話の受信を行い、伝言を聞く。

3　連絡・広報班は、午後＿＿＿＿時まで、放送で電話のあった方の呼び出しを行い、伝言をする。

4　連絡・広報班は、災害対策本部などと連携して、生活情報を広報する。

5　連絡・広報班は、委員会の決定事項を避難者に伝達する。

（その他）

第13　この規約にないことは、その都度、委員会で協議して決める。

避 難 所 に お け る 共 通 理 解 ル ー ル （ 案 ）

この避難所の共通理解ルールは次のとおりです。避難する方は、守るよう心がけてください。

災害対策本部

1　この避難所は、地域の防災拠点です。

2　この避難所の運営に必要な事項を協議するため、行政担当者、公民館職員、避難者などの代表からなる避難所運営委員会（以下「委員会」という。）を組織します。
- 委員会は、毎日午前＿＿＿＿時と午後＿＿＿＿時に定例会議を行います。
- 委員会の運営組織として、総務、名簿、食料、物資、救護、衛生、連絡・広報の運営班を避難者で編成します。

3　避難所は、電気、水道などライフラインが復旧するころを目処に閉鎖します。家屋が被害を受け、住めない状態の場合は、仮設住宅が建設され、入居できるまでとします。

4　避難者は、家族単位で登録する必要があります。
- 入所時には受付に申し出て「避難者名簿」を記入提出してください。
- 避難所を退所するときは、委員会に転居先を連絡してください。
- 犬、猫など動物類を室内に入れることは禁止し、避難者に迷惑がかからないようにしてください。また、避難所にペットを連れてきた方は、届け出てください。

5　職員室、保健室、調理室など施設管理や避難者全員のために必要となる部屋または危険な部屋には、避難できません。
- 避難所では、利用する部屋の移動を行うことがありますので、ご了承願います。

6　新型コロナウイルス感染症予防のため、手洗いを心がけ、消毒もこまめにおこないましょう。

7　食料、物資は、原則として全員に配給できるまでは配給をしません。
- 食料、生活物資は居住組ごとに配給します。
- 特別な事情の場合は、委員会の理解と協力を得てから行います。
- 配給は、避難所以外の近隣の人にも等しく行います。
- ミルク・おむつなど特別な要望は、＿＿＿＿室で対処します。

8　消灯は、午後＿＿＿＿時です。
- 廊下は点灯したままとし、各部屋などは照明を落とします。
- 職員室など管理に必要な部屋は、盗難の防止などのため点灯したままとします。

9　放送は、午後＿＿＿＿時で終了します。

10　電話は、午前＿＿＿＿時から午後＿＿＿＿時まで、受信のみを行います。
- 放送により呼び出しを行い、伝言を行います。
- 公衆電話は、緊急用とします。

11　トイレの清掃は、午前＿＿＿＿時、午後＿＿＿＿時、午後＿＿＿＿時に、避難者が交代で行います。

12　ゴミは指定の場所に分別して出してください。

13　金銭等の貴重品は各自で責任をもって管理してください。

14　タバコは所定の場所以外では禁止します。なお、火の使用は厳禁です。飲酒はお控えください。

避難所開設準備時・受付時のアナウンス例

避難所開設準備中：駐車場等での待機要請

こちらは○○公民館避難所（運営委員会）です。

ただいま、避難所の開設準備を進めており、公民館の安全性が確認され次第、皆さんを施設内に案内しますので、しばらく安全な駐車場で待機願います。

現在わかっている災害情報は、［地震情報等］ということです。

この地区や市（区町村）の被害状況は現在確認中で、はっきりしたことはわかっていません。

○○市（区町村）災害対策本部が設置され、関係機関とともに対策が進められていますので、落ち着いて行動してください。

なお、皆さんのなかで避難所開設準備にご協力いただける方がいらっしゃいましたら、私のところまでお越しください。

また、負傷された方、体調が悪い方がいらっしゃいましたら、私のところまで申し出てください。

以上、○○公民館避難所（運営委員会）です。

※くり返します。

受付時：避難所の誘導・案内

こちらは、○○公民館避難所（運営委員会）です。

ただいま、公民館の安全が確認され、避難所の開設準備が整いましたので、皆さんを施設内に案内します。

受付で、氏名・住所などを記入して、ルールを確認していただいてから入室していただきます。早い者勝ちではありませんので、私の申し上げる順に、世帯ごとに受付に来てください。

障がい者や高齢者、乳幼児等を優先しますが、必ず皆さんに、安全に避難していただきます。

まず、障がいがあったり介護が必要な方の世帯、負傷したり症状が悪化した方がいる世帯から受付に来てください。

次に、高齢者のいる世帯、小学校に行っていない小さなお子さんがいる世帯、（以下、地区別に案内します。）……。

　施設の安全が確認され、避難所の開設準備が整ったときは、下記の「受付時チェックシート」により、要援護者を優先して避難所への誘導を行います。

受 付 時 チ ェ ッ ク シ ー ト

項　　　　目	内　　　容
□１．受付 　※多人数の場合、名簿への記入は事後にする。その場合、できるだけ早い段階で氏名・住所等の基礎的な内容だけでも記入してもらう。	・世帯単位で記入してもらう。 ・要援護者は、必要に応じて記入を手伝う。
□２．避難所内の割り当て、誘導	・早い者勝ちではないことを周知する。 ・居住組ごと（編成が済んでいなければ、地域ごと）にまとまるよう誘導する。
□３．避難所運営ルール等の周知	・避難所の利用上のルールを守ってもらうよう、周知する。

緊 急 時 連 絡 先 一 覧

_____年_____月_____日現在

カギの管理	具体的には運営組織で決めてください。

カギ（暗証番号）は、公民館、町会、災害対策本部が持っています。

① ［　　　　　］ 町内会・自治会の役員	［　　　　　］ さん　TEL
②公民館の ［　　　　　　　　　］	［　　　　　］ さん　TEL
③公民館のカギ管理受託者の （　）町（　）丁目（　　）番地	［　　　　　］ さん　TEL
④災害対策本部	TEL　　　　　　FAX

注）カギはできるだけ公民館の近くの人に持ってもらってください。
注）カギを持っている人は、発災したら「まず、かけつけてください」。

避難所周辺の緊急連絡先

①市区町村 　役場	［　　　　　］ 〒 TEL　　　　FAX
②病院・ 　診療所	［　　　　　］ 〒 TEL　　　　FAX ［　　　　　］ 〒 TEL　　　　FAX
③消防署・ 　消防団	［　　　　　］ 〒 TEL　　　　FAX
④警察	［　　　　　］ 〒 TEL　　　　FAX
⑤電気	［　　　　　］ 〒 TEL　　　　FAX
⑥ガス	［　　　　　］ 〒 TEL　　　　FAX
⑦上水道	［　　　　　］ 〒 TEL　　　　FAX
⑧下水道	［　　　　　］ 〒 TEL　　　　FAX
⑨電話局	［　　　　　］ 〒 TEL　　　　FAX

その他の連絡先

①福祉 　避難所	［　　　　　］ 〒 TEL　　　　FAX
②清掃局	［　　　　　］ 〒 TEL　　　　FAX
③保健所	［　　　　　］ 〒 TEL　　　　FAX
④報道機関	［　　　　　］ 〒 TEL　　　　FAX
⑤	［　　　　　］ 〒 TEL　　　　FAX

第4部　各種参考様式

避 難 所 運 営 委 員 会 名 簿

年　　　月　　　日現在

〈運営管理責任者〉

会　　　長		
副　会　長		
行 政 担 当 者		
公 民 館 職 員		

〈避難所運営班〉　（◎は各班長、○は副班長）

	氏　　名	（避難者）組名	氏　　名	（避難者）組名
総　務　班				
名　簿　班				
食　料　班				
物　資　班				
救　護　班				
衛　生　班				
連絡・広報班				

（避難所名　　　　　　　　　）

NO _____

避　難　者　名　簿

避難所組名

※太枠内は必ずご記入ください。

①	世帯代表者氏名						住所 電話 携帯	
	入所年月日		年	月	日			
		ふ り が な 氏　　名	避難状態 ア．避難所 イ．テント ウ．車中外 エ．その他	年齢	性別			
②	家 族				男 女		自治会・町内会名	
					男 女		家屋の 被害状況	全壊・半壊・一部損壊 断水・停電・ガス停止・電話不通
					男 女		あなたの家族は全員避難していますか？ ア．全員避難した。 イ．安否確認はとれている。 ウ．まだ残っている。→どなたですか？	
					男 女			
					男 女			
					男 女		親族など 連絡先	〒 氏名 電話
	※ここに避難した人だけ書いてください。				男 女		車（使用 者のみ）	車種　　　　　　　色 ナンバー

ご家族に、病気や障がい、アレルギーなどの特別な配慮を必要とする方がいるなど、注意点があったらお書きください。

③	他からの問い合わせがあったとき、 住所、氏名を公表してもよいですか？		はい いいえ	登録	
④	退出年月日　　　　年　　　月　　　日			退所	
	転出先　住　　所 （氏名） 電　話			在宅	
⑤	備考（この欄には記入しないでください。）				

〔避難者の方へ〕

◎この名簿は、入所時に世帯代表の方が書いて名簿係にお渡しください。

○この名簿を記入し行政担当者へ提出することで、避難者登録され、避難所での生活支援が受けられるようになります。

○内容に変更がある場合は、速やかに名簿係に連絡のうえ、修正してください。

○他からの問い合わせに対し、住所と氏名を公表してよいか、お書きください。

○名簿の内容を公表することによって、ご親族の方々に安否を知らせるなどの効果があります。しかしプライバシーの問題がありますので、公表の可否はご家族で判断してください。

第４部　各種参考様式

139

避 難 所 状 況 報 告 書 〔第　報〕

避難所名 ＿＿＿＿＿＿＿＿＿＿＿＿＿

送信者名			災害対策本部受信者名		
報告日時	月　　日　　時　　分		避難所 FAX・TEL		

世 帯 数	現在数（A） ※（　）は屋外避難者		前日数（B） ※（　）は屋外避難者		差引（A−B） ※（　）は屋外避難者
内訳	避難者	（　　　）世帯	（　　　）世帯	（　　　）世帯
	被災者	（　　　）世帯	（　　　）世帯	（　　　）世帯
	合　計	（　　　）世帯	（　　　）世帯	（　　　）世帯

人 数	現 在 数（A）	前 日 数（B）	差引（A−B）
内訳	避難者	（　　　）人	（　　　）人	（　　　）人
	被災者	（　　　）人	（　　　）人	（　　　）人
	合　計	（　　　）人	（　　　）人	（　　　）人

運営状況	居住組	編成済み・未編成	地域状況	土砂崩れ	未発見　・　あり　・　警戒中
	避難所運営委員会	設置済み・未編成		ライフライン	断水・停電・ガス停止・電話不通
	運営班	編成済み・未編成		道路状況	通行可・渋滞・片側通行・通行不可

避難所運営会長名 連絡先（TEL、FAX）	

		対応状況	今後の要求、展開
連絡事項	総務班		
	名簿班		
	食料班		
	物資班		
	救護班		
	衛生班		
	連絡・広報班		
	行政担当者		
	施設管理者		

対処すべき事項、予見される事項（水、食料の過不足／物資の過不足／風邪などの発生状況／避難所の生活環境／避難者の雰囲気　など）

※一日最低一回は本部に報告をすること。

※「連絡事項」欄には、各班の活動において発生した問題や、その解決策などを記入し、他の避難所の運営活動の参考となるようにする。

注）避難者…自宅が破壊されて住めなくなり、避難所で生活している人々

　　被災者…自宅に住むことはできるが、ライフラインの破壊などの理由で生活できず、避難所の施設を利用および物資などの配給を受けている人々

物 資 依 頼 伝 票

発信日時　　年　　月　　日　　時　　分					発注先業者名 FAX（TEL）	

避難所名（ふりがな）

避難所住所

発注依頼者　　　　　　　FAX
（役職名）　　　　　　　TEL

伝票№.　　　　伝票枚数

受付日時　　　月　　　日　（　）
　AM・PM　　時　　　分

本部受信者名
FAX・TEL

①		商品 コード	品　　名	サイズ など	数量	②	単位 個・箱 ケース	備考	個　口
	1								
	2								
	3								
	4								
	5								
	6								
	7								
	8								
	9								
	10								
							個口合計		

- 一行につき一品、サイズごとに記入し、数量はキリのいい数で注文ください。
- 性別などは「サイズなど」の欄に記入してください。
- 物資班はこの伝票に記入し、行政担当者に配達・注文を要請してください。
- 行政担当者は、原則としてFAXで依頼を行ってください。
- FAXが使えない場合は、必ず控えを残しておいてください。
- 物資班は、受領時に「避難所用物品受払簿」に記入してください。　☞**様式 1 - ⑬**

③	出荷日時　　　月　　　日　（　）AM・PM　　時　　　分	④	
	配達者名　　　　　　　　　　FAX（TEL）	避難所 受領サイン	
	お届け日時　　　月　　　日　（　）AM・PM　　時　　　分		

No. _____

避 難 所 用 物 品 受 払 簿

避難所名 _____

品名	大分類 _____ 中分類 _____ 小分類	単位呼称	商品コード				
年月日	受入先	払出先	受	払	残	記入者	備考

月 日現在における数量の合計	受 入	払 出	残 高

※この用紙は、避難所で保管しておく。
※代金の決済が必要な場合は、備考欄に「支払伝票の No.」を記入する。

事　務　引　継　書

＿＿＿＿＿＿＿＿＿＿避難所

年　　月　　日

	前　任　者	後　任　者
引継時間		
引継者		
収容者の移動状況		
避難者からの要望事項		
行政の対応状況		
ボランティアの対応状況		
打ち合わせ事項		
その他		

第4部　各種参考様式

143

No. _____

避 難 所 ペ ッ ト 登 録 台 帳

No.	飼　育　者	登録日	退所日	種　類	性別	体格	毛色	ペット名
	氏名： 住所： 電話：				オス メス			
	氏名： 住所： 電話：				オス メス			
	氏名： 住所： 電話：				オス メス			
	氏名： 住所： 電話：				オス メス			
	氏名： 住所： 電話：				オス メス			
	氏名： 住所： 電話：				オス メス			
	氏名： 住所： 電話：				オス メス			
	氏名： 住所： 電話：				オス メス			
	氏名： 住所： 電話：				オス メス			
	氏名： 住所： 電話：				オス メス			
	氏名： 住所： 電話：				オス メス			

ペットの飼育ルール広報文（案）

ペットの飼い主の皆さんへ

　避難所では、多くの人たちが共同生活を送っていますので、ペットの飼い主の皆さんは、次のことを守って避難所生活を送ってください。

1　ペットは、指定された場所に必ずつなぐか、オリの中で飼ってください。
2　飼育場所や施設は、飼い主の手によって常に清潔にし、必要に応じて消毒を行ってください。
3　ペットの苦情や、危害の防止に努めてください。
4　排便は必ず屋外の指定された場所でさせ、後始末を行ってください。
5　給餌は時間を決めて行い、その都度きれいに片付けてください。
6　ノミ等の駆除に努めてください。
7　運動やブラッシングは、必ず屋外で行ってください。
8　飼育困難な場合は、一時預かりが可能なペットホテルや動物病院などの施設に相談してください。
9　他の避難者との間でトラブルが生じた場合は、速やかに避難所運営委員会（総務班または衛生班）まで届け出てください。

避難所運営委員会

外　泊　届

氏　　　　　名	
外　泊　期　間	月　　　　日　　～　　　月　　　　日
同　　行　　者	
緊急連絡（宿泊）先 （希望者のみ）	

第4部　各種参考様式

取 材 者 用 受 付 用 紙

受付日時	年　月　日　時　分	退所日時	年　月　日　時　分

代表者	氏　名		所　属	
	連絡先（住所・電話番号）			

同行者	氏名	所属

取材目的	※放送日、記事掲載日などの予定も記入してください。

避難所側付添者名	名刺等添付場所

特記事項	

※お帰りの際にも受付に必ずお立ち寄りください。

避難所ボランティア受付表

受付日	年　月　日

No.　_____

（避難所名：　　　　　　　　　　　）

No.	氏　名・住　所・電　話	性別	職業	過去のボランティア経験の有無とその内容
	氏名 住所 電話	男 女		有　（活動内容） 　（資格・特技等） 無
	氏名 住所 電話	男 女		有　（活動内容） 　（資格・特技等） 無
	氏名 住所 電話	男 女		有　（活動内容） 　（資格・特技等） 無
	氏名 住所 電話	男 女		有　（活動内容） 　（資格・特技等） 無
	氏名 住所 電話	男 女		有　（活動内容） 　（資格・特技等） 無
	氏名 住所 電話	男 女		有　（活動内容） 　（資格・特技等） 無
	氏名 住所 電話	男 女		有　（活動内容） 　（資格・特技等） 無
	氏名 住所 電話	男 女		有　（活動内容） 　（資格・特技等） 無
	氏名 住所 電話	男 女		有　（活動内容） 　（資格・特技等） 無
	氏名 住所 電話	男 女		有　（活動内容） 　（資格・特技等） 無

第4部　各種参考様式

避 難 所 記 録 用 紙

避難所 ＿＿＿＿＿＿＿＿＿＿＿＿＿＿＿

記載日時	年　　　月　　　日　　　時　　　分	
避難者 （午後　時現在）	人　　　数	世　帯　数
	人	世帯

連絡事項	総務班		
	名簿班		
	食料班		
	物資班		
	救護班		
	衛生班		
	連絡・ 広報班		

対処すべき事項、予見される事項等

避難所のお知らせとやくそく（案）

○○○○公民館避難所
○年○月○日

1．新たな入所時および退所時は、必ず事務室に申し出て「避難者名簿」に記入してください。

2．食事は、○○○○○でお渡しいたします。
その都度館内放送いたしますので、受け取りにおいでください。
食事終了後は、容器を○○○○までお返しください。

3．連絡事項は、ロビーに掲示しますのでご覧ください。

4．災害臨時電話は、ロビーにありますので、ご利用ください。

5．各部屋の清掃・整頓は皆様で協力して実施してください（清掃用具は、各階の廊下のロッカーにあります）。

6．消灯は、午後10時でお願いします。門限は午後11時とします。
読書等をされる場合は、学習室でお願いします。
仕事の関係等で午後11時以降入所される場合は、事務室の職員にご連絡ください。また、入所するときは事務室通話用インターホンをご利用ください。職員と連絡がとれます。朝は5時半に玄関のカギを開けます。

7．新型コロナウイルス感染症予防のため、手洗いを心がけ、消毒もこまめにおこないましょう。

8．金銭等の貴重品管理は、各自で責任をもって行いましょう。

9．タバコは喫煙コーナーでお願いします。飲酒はご遠慮ください。

10．生理用品等は、必ず汚物入れに入れてください（トイレに流すと詰まります）。

11．備え付けのテレビ以外のもの（ラジオ等）は、イヤホンを使用するか、まわりの迷惑にならない音量でお楽しみください。

12．午後9時を健康チェックタイムとし、異常のある方は事務室に申し出てください。看護師の方が対応してくださる予定です。

13．2階を除き、湯沸室でお湯を沸かすことができます。1階は、貯湯式のガス釜がありますので利用ください。ガスは午前6時に開け、午後10時に閉じます。

14．他の迷惑となるような言動はつつしみ、皆様気持ちよく、仲良く館を利用していただくよう、ご協力をお願いします。

※職員は、24時間勤務しています。どうぞご遠慮なくご相談ください。

○○○○公民館避難所

今までの避難所名等：＿＿＿＿＿＿＿＿＿＿＿＿＿＿＿＿

避 難 者 名 簿

世帯主名（　　　　　　　）　住所(町名)

No.	ふりがな 氏 名	性別	年齢	電話	来所 年月日	退所 年月日	65歳以上高齢者 1人暮らし	高齢者のみ	持病薬の持参 有	無	妊婦 体調 良い	悪い	乳幼児 必要なもの ミルク	おむつ	備考
1		男・女													
2		男・女													
3		男・女													
4		男・女													
5		男・女													
6		男・女													
7		男・女													
8		男・女													
9		男・女													
10		男・女													

○○○○公民館避難所

食 事 等 確 認 票

町名（　　　　　）　（世帯主）　　　　　　様

氏 名	月 日（ ） 朝食	昼食	夕食	泊	月 日（ ） 朝食	昼食	夕食	泊	月 日（ ） 朝食	昼食	夕食	泊	月 日（ ） 朝食	昼食	夕食	泊

○○○○公民館避難所

避 難 者 状 況 調 査 票

（　　月　　日現在避難者）

記載日　年　月　日

避難所名 [   ]

1　世帯の状況

(1)　世帯主名 [   ]　電話 [   ]

(2)　住所
（行政区・町名）[   ]

(3)　世帯構成

大　人		人

うち65歳以上 [   ] 人　うち要介護 [   ] 人

高　校　生		人
中　学　生		人
小　学　生		人
就学前児童		人
３歳未満児		人
計		人

2　住居の状況

(1)

	避難指示区域
	上記外 （　　　　　　　　　）

該当欄に○印

(2)　建物被害の状況

	全　壊
	半　壊（取壊しの予定）
	半　壊（修繕工事の予定）
	一部破損（台所、トイレ、風呂が使えない）
	一部破損（台所、トイレ、風呂は使える）
	被害は少ないが、家財が散乱し、住めない
	被害はない
	その他（　　　　　　　　　　　　　　　　　）

該当欄に○印、必要事項記入

3　今後の住居の予定

	仮設住宅の申込み済み
	民間アパートの申込み済み（入居予定：　　月　　日頃）
	親族等の住居に同居予定（転居予定先：　　月　　日頃）
	住宅の補修工事予定（帰宅予定：　　月　　日頃）
	住居は問題ないが、不安なので、しばらく避難所にいたい
	その他 （　　　　　　　　　　　　　　　　　　　　　）

該当欄に○印、必要事項記入

第4部　各種参考様式

避 難 所 職 員 主 要 業 務 （ 案 ）

（宿直担当）

8：20	出 勤
8：30	公民館ミーティングに参加
11：00	朝食の残りごはんで、おかゆをつくる→おかゆ・椀（発泡スチロール）およびペットボトル・みかん・ポット入りお茶等を机に用意（各自セルフでお願いする）
11：30	○○○○の弁当が届く（以下朝食と同じ）。
12：00	全館放送実施「昼食をご用意いたしましたので、１階○○○○までおいでください。」
13：00	全館放送実施「まだ、昼食がお済みでない方は、１階○○○○までおいでください。」
13：05	残り弁当で自分の昼食をとる。
17：00	昼食の残りごはんで、おかゆをつくる→おかゆ・椀（発泡スチロール）およびペットボトル・みかん等を机に用意（各自セルフでお願いする）
18：00	全館放送実施「夕食をご用意いたしましたので、１階○○○○までおいでください。」
19：00	全館放送実施「まだ、夕食がお済みでない方は、１階○○○○までおいでください。」
19：05	残り弁当で自分の夕食をとる。
19：20	容器回収袋の状況を見て、満杯になりそうなものについて対応する。
19：30	部屋長会議に出席し、確認事項等について「世話人会議情報」を作成し、翌日各部屋等に張り出す。
22：00	夕食の残りごはんでおかゆをつくっておく。
22：00	消灯確認
23：00	玄関施錠
	（仮眠１名・起きている人２名で交代）
	・仮眠時間＝23：00〜1：30　1：30〜4：00　4：00〜6：00
	・事務室通話用インターホンが鳴った場合対応（開錠後施錠）
5：30	玄関開錠
5：30	おかゆを温める→おかゆ・椀（発泡スチロール）およびペットボトル・みかん等を机に用意（各自セルフでお願いする）
6：00	全館放送実施「おはようございます。早くお出かけになられる方のために、軽い朝食をご用意いたしましたので、１階○○○○までおいでください。他の方の分は、７時に予定しておりますので、よろしくお願いします。」
6：30	○○○○の弁当が届く。
	弁当・おかず・ペットボトル・みかん・ポット入りお茶等を机に用意（各自セルフでお願いする（スムーズに皆さんが受け取れるよう行動する）。
7：00	全館放送実施「おはようございます。朝食をご用意いたしましたので、１階○○○○までおいでください。」
7：20	容器回収袋の状況を見て、満杯になりそうなものについて対応する。
8：05	残り弁当で自分の朝食をとる。
8：20	避難所管理日誌記入（☞**様式２−⑥**）

（他の業務）

- 災害対策本部との連絡（従事者名と避難者数を報告）
- 受付（避難所の入所・退所・安否確認）
- 避難者の人数の把握および災害対策本部への報告
- 施設の衛生管理
- 情報提供・情報収集
- 次の従事者への引き継ぎの徹底
- 応援職員・保健師との調整

※プライバシーの保護に配慮するよう気をつけること。

○○○○公民館避難所

避 難 所 管 理 日 誌
（宿 直 者 が 記 入）

館 長

勤 務 年 月 日	年　　月　　日　　時　　分～　　月　　日　　時　　分
従 事 者	
避 難 者 数	：　　　時現在　　　　　人 （移動状況　　　　　　　　　　　　　　　　　　　　　　　　　　）
避難者の生活の様子	
食 料・物 資 等 の 受 け 入 れ 処 理 状 況	
主 な 来 訪 者	
次 の 従 事 者 へ の 引 継 事 項	
その他の特記事項 処 理 結 果 等	

部屋割り（　　年　　月　　日現在）（例）

階	室　　名	町　　名	入所人数	最大人数
地階	第2実習室（工作室）			4
	第1集会室			21
1	第3集会室			12
	第1・2研修室			8
2	第5集会室（保育ルーム）			15
	第6集会室（多目的ルーム）			19
	第3研修室			25
3	第2学習室			16
	第3学習室			10
	第4学習室			10
	講堂			25
		合　　　計		165

※室名、最大人数等は、各公民館に応じて修正してください。

第5部

資 料

I. わが国の防災体制

1959年9月の伊勢湾台風を契機として、総合的かつ計画的な防災行政体制の整備を進めようとする機運が高まり、1961年11月に「災害対策基本法」が公布されました。

わが国の防災体制は、政府には総合的な災害対策を推進するため中央防災会議を設置し、地方公共団体では地方防災会議を設置しています。なお、都道府県防災会議は全県に設置されていますが、市区町村防災会議は必置ではありません。防災会議では、平時の防災計画および災害発生時の緊急措置を作成します。

災害がおこると、都道府県知事または市区町村長は、自らが本部長になる災害対策本部を設置します。

(1) 避難指示

災害が発生したり、そのおそれがある場合に、災害対策基本法等に基づき、市区町村長などが住民に対して避難を呼びかけるものです。

「避難指示」…拘束力が強く、安全の確保のため立ち退かせるものです。

（「すぐに避難してください」という、緊急性の高い呼びかけ）

(2) 警戒区域

災害が差し迫っていて、住民をどうしても避難させる必要がある場合、市区町村長は危険な地域を「警戒区域」に指定し、住民の立ち入りを禁止できます。

(3) 避難所等

• 避難所

避難場所に避難した住民のうち、地震などによって家屋の倒壊や焼失などの被害を受けた方や、被害を受けるおそれのある方を一時的に保護する施設を指す。

• 福祉避難所

避難所で避難生活を送ることが困難で、特別な配慮を必要とする方を受け入れる避難所。

• 広域避難場所

災害発生で大規模な避難を要する場合、それに適した広さなどの十分な条件を有する公園や学校などの地域を指す。

※各自治体によって、呼称や定義が異なります。

II. 社会教育施設等への災害に関する補助、通知等

1. 公立社会教育施設災害復旧事業に対する補助

激甚災害に対処するための特別の財政援助等に関する法律（抄）

（昭和37年9月6日法律第150号）

最終改正：令和4年5月25日号外法律第52号

第5章　その他の特別の財政援助及び助成

（公立社会教育施設災害復旧事業に対する補助）

第16条　国は、激甚災害を受けた公立の公民館、図書館、体育館その他の社会教育（社会教育法（昭和24年法律第207号）第2条に規定する社会教育をいう。）に関する施設であつて政令で定めるものの建物、建物以外の工作物、土地及び設備（以下次項及び次条において「建物等」という。）の災害の復旧に要する本工事費、附帯工事費（買収その他これに準ずる方法により建物を取得する場合にあつては、買収費）及び設備費（以下次項及び次条において「工事費」と総称する。）並びに事務費について、政令で定めるところにより、予算の範囲内において、その3分の2を補助することができる。

2　前項に規定する工事費は、当該施設の建物等を原形に復旧する（原形に復旧することが不可能な場合において当該建物等の従前の効用を復旧するための施設をすること及び原形に復旧することが著しく困難であるか又は不適当である場合において当該建物等に代わるべき必要な施設をすることを含む。）ものとして算定するものとする。この場合において、設備費の算定については、政令で定める基準によるものとする。

3　国は、政令で定めるところにより、都道府県の教育委員会が文部科学大臣の権限に属する第1項の補助の実施に関する事務を行なうために必要な経費を都道府県に交付するものとする。

第5部

資料

激甚災害に対処するための特別の財政援助等に関する法律施行令（抄）

（昭和37年10月10日政令第403号）

最終改正：平成28年11月24日政令第353号

第4章　その他の特別の財政援助及び助成

（公立社会教育施設災害復旧事業に対する補助）

第33条　法第16条第1項の政令で定める施設は、法第3条第1項の特定地方公共団体である都道府県又は市町村（当該市町村が加入している市町村の組合を含む。）が設置する公民館、図書館、体育館、運動場、水泳プールその他文部科学大臣が財務大臣と協議して定める施設（以下次条、第35条及び別表第一において「公立社会教育施設」という。）とする。

第34条　法第16条第1項の規定による国の補助は、公立社会教育施設の建物等（同項に規定する建物等をいう。以下第36条において同じ。）のうち、その災害の復旧に要する経費（以下この条、次条、第37条及び第38条において「復旧事業費」という。）の額が一の公立社会教育施設ごとに60万円以上のものについて行うものとする。ただし、明らかに設計の不備若しくは工事施行の粗漏に基づいて生じたと認められる被害に係るもの又は著しく維持管理の義務を怠つたことに基づいて生じたと認められる被害に係るものについては、補助を行わないものとする。

2　法第16条第1項の規定により国が補助する公立社会教育施設の復旧事業費のうち事務費の額は、法第16条第1項に規定する工事費（以下第36条及び第37条において同じ。）に100分の1を乗じて算定した額とする。

3　公立社会教育施設の復旧事業費のうち設備費の額は、別表第一上欄に掲げる公立社会教育施設の種類に応じて同表下欄に掲げる建物一坪当たりの基準額に、当該施設の別表第二上欄に掲げる建物の被害の程度の区分に応じて同表下欄に掲げる割合及び災害を受けた建物の面積を乗じて算定するものとする。

4　前項の場合において、当該建物の被害の程度に比して設備の被害の程度が著しく大きかつたことその他特別の理由により、当該算定方法によることが著しく不適当であると認められるときは、文部科学大臣は、財務大臣と協議して当該設備費の額を算定することができる。

（都道府県の事務費）

第35条　法第16条第3項の規定により国が都道府県に交付する経費は、当該都道府県の区域内に存する市町村が当該年度中に行なう公立社会教育施設の災害の復旧に係る復旧事業費の総額、当該災害の復旧を行なう市町村の分布状況等を考慮して、文部科学大臣が交付する。

別表第一

公立社会教育施設の種類		建物一坪当たりの基準額
公民館		3,500円
図書館	都道府県が設置するもの	25,000円
	市が設置するもの	20,000円
	町村が設置するもの	11,000円
体育館		3,000円
文部科学大臣が財務大臣と協議して定める施設		文部科学大臣が財務大臣と協議して定める金額

別表第二

建物の被害の程度の区分	設備費の基準額に乗ずべき割合
流失の場合	10分の10
全壊又は全焼の場合	10分の9
各階につき床上2メートル以上の浸水の場合	10分の8
各階につき床上1.2メートル以上2メートル未満の浸水の場合	10分の7
土砂崩壊による半壊の場合	10分の5
各階につき床上0.7メートル以上1.2メートル未満の浸水の場合及び半壊（土砂崩壊による半壊を除く。）又は半焼の場合	10分の3
各階につき床上0.3メートル以上0.7メートル未満の浸水の場合及び土砂崩壊による大破の場合	10分の1

２．地域における防災に係る教育・啓発活動の推進について

府 政 防 第 8 8 0 号
17文科生第394号
国 河 災 第 18 号
平成17年10月24日

各都道府県・政令指定都市教育委員会教育長　殿

内閣府政策統括官（防災担当）
文部科学省生涯学習政策局長
国土交通省河川局長

地域における防災に係る教育・啓発活動の推進について（通知）

　近年の相次ぐ台風の上陸などによる度重なる豪雨や新潟県中越地震などにより、全国各地で大きな被害が発生し、改めて日頃からの「備え」の重要性が、国民の関心事となっています。我が国の災害は、洪水、土砂災害、地震、噴火、雪害、高潮、津波等自然災害の種類が多様で、繰り返して発生し、しかも発生回数が多く、全国どこでも発生の可能性があります。

　このため、災害による被害を軽減するには、災害の教訓を学び、地域コミュニティや国民の一人ひとりが、緊急時に主体的に行動を起こせるよう、各種災害の性格とその危険性を知り、災害時にとるべき行動を知識として身につけておくとともに、平時における備えを万全とするよう防災に関する教育・啓発活動を推進していくことが重要となります。

　このような状況にかんがみ、内閣府、文部科学省及び国土交通省が連携・協力して、地域における防災に関する教育・活動を推進していくこととしました。貴教育委員会におかれては、地域住民の防災等に関する意識の向上、理解の増進に果たす社会教育の役割を十分ご認識頂き、下記の項目について、貴教育委員会内及び所管の施設並びに域内の市町村教育委員会への周知及びご協力方よろしくお願いします。

記

1　社会教育施設等における防災教育への積極的取組み及び講座等の実施に当たっての講師派遣

　今日における防災教育の重要性にかんがみ、社会教育施設等において、防災に関する講座等について、首長部局等との連携も視野に入れつつ、積極的な取組みをお願いします。

　なお、社会教育施設等で、防災に関する講座等の実施を希望する場合、別紙で紹介してい

る窓口に対して、講師の派遣や講座内容について相談願います。その場合、内閣府及び国土交通省は、各社会教育施設等からの講師の派遣要請に対して、最大限の協力を行います。

2　社会教育施設等におけるパンフレット等の備え付け

　内閣府、国土交通省又は関係団体から、各教育委員会又は社会教育施設等に対して、防災に関するパンフレット等の備え付けの依頼があった場合は、ご協力願います。

　また、社会教育施設等において防災に関するパンフレット、ビデオ教材等が必要な場合は、別紙〔省略〕で紹介している窓口にお問い合わせ願います。

　本件に関してご不明の点等がございましたら、次の連絡先までお問い合わせ下さい。

【本件連絡先】

内閣府政策統括官（防災担当）付災害予防担当

〒100-8969　東京都千代田区霞が関 1 - 2 - 2

TEL 03-3501-6996（直通）　 FAX 03-3597-9091

文部科学省生涯学習政策局社会教育課企画調査係

〒100-8959　東京都千代田区丸の内 2 - 5 - 1

TEL 03-6734-3284（直通）　 FAX 03-6734-3718

国土交通省河川局防災課災害対策室

〒100-8918　東京都千代田区霞が関 2 - 1 - 3

TEL 03-5253-8461（直通）　 FAX 03-5253-1607

３．公民館の耐震化の促進について

　平成28年11月２日に、文部科学省生涯学習政策局社会教育課長から各都道府県・指定都市教育委員会社会教育主管課長宛に下記の「公民館の耐震化の促進について」という通知が出されました。

---

28 生 社 教 第 8 号
平成28年11月２日

各都道府県・指定都市教育委員会
社会教育主管課長　殿

文部科学省生涯学習政策局
社会教育課長

公民館の耐震化の促進について（通知）

　日頃より、社会教育行政の推進に御尽力をいただき、ありがとうございます。

　さて、10月28日に発表されました「平成27年度社会教育調査中間報告」において、新規調査項目として公民館の耐震化状況が公表されました。

　調査によれば、昭和57年度以降に新耐震基準の下で建築された公民館が8,202館、昭和56年以前に建築され、耐震診断の結果耐震性ありと判定された公民館が1,774館であり、耐震化率は75.3％となっております。

　また、公民館のうち、60.2％が災害時の避難所に指定されており、特にこれらについては、耐震化のための措置を早急に進めることが求められます。

　公民館は住民に最も身近な学習の場であり、多くの地域住民が集まる施設であるとともに、一部は災害時の避難所としても利用されることから、貴課におかれては、公民館の設置者である市区町村公民館担当課に本調査結果を周知いただきますとともに、公民館の耐震化の促進について、ご高配いただきますようよろしくお願いします。

＊「平成27年度社会教育調査中間報告」URL

http://www.mext.go.jp/b_menu/toukei/chousa02/shakai/kekka/k_detail/1378657.htm

---

「平成30年度社会教育統計（社会教育調査報告書）」から

公民館の耐震化等の状況

　公民館の耐震診断の実施率は57.5％、耐震化率は77.9％となっている。また、避難所に指定されている公民館は66.0％となっている。

公民館の耐震化等の状況

区　分		施設数	昭和57年以降に建築	昭和56年以前に建築	施設数に占める割合(%)	耐震診断実施済	耐震診断実施率(%)	耐震性あり	耐震性がある施設	耐震化率(%)	地方公共団体による避難所として指定	避難所指定率(%)
		A	B	C	D=C/A	E	F=E/C	G	H=B+G	I=H/A	J	K=J/A
計		12,692	8,121	4,571	36.0	2,628	57.5	1,772	9,893	77.9	8,373	66.0
設置者	市(区)	8,938	5,702	3,236	36.2	1,957	60.5	1,340	7,042	78.8	5,975	66.8
	町	3,171	2,003	1,168	36.8	581	49.7	391	2,394	75.5	2,084	65.7
	村	579	414	165	28.5	88	53.3	39	453	78.2	313	54.1
	組合	—	—	—	—	—	—	—	—	—	—	—
	一般社団法人・一般財団法人・公益社団法人・公益財団法人	4	2	2	50.0	2	100.0	2	4	100.0	2	50.0

（注）　1．施設数は、公民館類似施設及び建物を有しない施設を除いている。
　　　　2．昭和57年以降の耐震基準により建てられた施設については、耐震性があるものと推定。

公民館の耐震化の状況

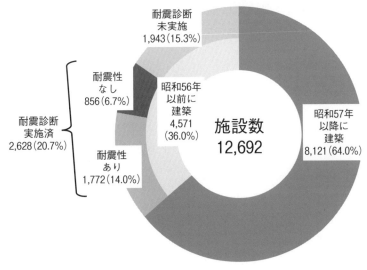

耐震診断未実施
1,943（15.3％）

耐震性なし
856（6.7％）

耐震診断実施済
2,628（20.7％）

耐震性あり
1,772（14.0％）

昭和56年以前に建築
4,571（36.0％）

施設数
12,692

昭和57年以降に建築
8,121（64.0％）

　　　　（注）（　　）内は施設数に対する割合である。

※調査結果は、2018年10月1日現在のものです。

4．公立社会教育施設災害復旧費補助金交付申請要領

1　趣　旨

　激甚災害に対処するための特別の財政援助等に関する法律（昭和37年法律第150号、以下「法」という。）第2条第1項の規定による「激甚災害」を受けた公立の社会教育施設の災害復旧事業に対する国の補助は、法第16条、同法施行令（昭和37年政令第403号）第33条及び第34条に定めるほか、この申請要領による。

2　補助対象となる施設

　補助の対象となる施設は、公民館、図書館、体育館、運動場、水泳プール、博物館、青年の家、視聴覚センター、婦人教育会館、少年自然の家、地域改善対策集会所、柔剣道場、文化施設、相撲場、漕艇場及び生涯学習センターとする。

3　補助事業に要する経費

A　工事費

　上記施設で次に掲げるアからエのうち、国の査定を受けた後の復旧費（査定工事費）とする。ただし、次の条件により国の査定後に内容が変更されたものは、査定工事費と変更後の工事費のいずれか少ない額とする。

1）現地調査時には被害の確認が不可能であったこと。

2）工事施工中に、予測できない事態が発生したことによること。

ア　建　物

　当該公立社会教育施設の用に供されている建物（（当該建物に附属する電気、機械、ガス、給排水衛生等の附帯設備を含む。）以下「建物」という。）とする。

イ　建物以外の工作物

　土地に固着している建物以外の工作物とする。

ウ　土　地

　公立社会教育施設の敷地、屋外運動場（陸上競技場、庭球場、バレーボール場、野球場、球技場、運動広場等）等の土地及びこれらの土地の造成施設で樹木は含まないものとする。

エ　設　備

　社会教育活動を行う上に必要な教材、教具（体育レクリエーション用具を含む。）、机・椅子等の備品とする。ただし、消耗品を除く。

B　事務費

　災害復旧事業の施行に必要な事務に要する経費で上記Aの工事費の100分の1を限度とする。

4　補助金の額

各施設ごとに上記３−Ａ及びＢの合計額に３分の２を乗じて得た額とする（ただし、各施設ごとに1,000円未満の端数は切り捨てる）。

5　申請の手続き

公立社会教育施設災害復旧費交付申請書の様式は別紙様式とし、次の書類を添付すること。

ア　災害復旧事業施設別表（別紙１）

イ　国庫補助事業対象工事費積算内訳書（別紙２〜５）

ウ　復旧配置図

国庫補助対象とする建物、建物以外の工作物及び土地の復旧箇所、数量を記入すること。

エ　復旧図

設備復旧の場合は、添付を要しない。

オ　特例理由書（別紙６）

カ　契約書本文の写

未契約の場合は、工事施工確約書とする。

キ　収支予算書の写

当該復旧事業に関する議会の議決した収支予算書の関係部分の写しとし、未決の場合は、議決確約書とする。

6　都道府県教育委員会の事務

国庫補助金の内定通知に基づいて域内市町村から国庫補助金申請書が提出されたときは、その内容を検討し、文部科学大臣に提出すること。

〔別紙　省略〕

事　務　連　絡
令和 3 年 9 月27日

各 ⎰都道府県　　　防災担当主管部（局）
　⎱保健所設置市　衛生主管部（局）　　　御中
　⎱特別区

内閣府政策統括官（防災担当）付
参事官（避難生活担当）
消防庁国民保護・防災部防災課
厚生労働省健康局結核感染症課

令和 3 年 7 月及び 8 月に発生した大雨等における対応や
新型コロナウイルス感染症の現下の状況を踏まえた
今後の避難所における新型コロナウイルス感染症対策等について（周知）

　新型コロナウイルス感染症流行下において発生した本年 7 月及び 8 月の大雨等については、全国の広範な地域において甚大な被害をもたらしました。
　また、例年、この時期は台風により、多数の人的被害及び住家被害が発生しています。
　今なお、新型コロナウイルス感染症が流行する中、避難所における新型コロナウイルス感染症対策のさらなる徹底を図るとともに、今回の大雨等における災害対応で得られた被災地での経験やノウハウについてまとめました。

　ついては、各都道府県におかれては、「新型コロナウイルス感染症禍における、災害が発生するおそれのある段階からの避難所の確保等について（通知）」（令和 3 年 8 月 3 日付け府政防第849号等）を改めて参考にするとともに、下記についてご留意の上、適切に取り組まれるようお願いいたします。
　また、これらについて、貴管内市町村の防災担当主管部局及び衛生主管部局に周知するとともに、各市町村における避難所の感染症対策が円滑に進むよう、必要な支援をされるようお願いいたします。

記

１．取組事例のとりまとめ
　令和 3 年 7 月及び 8 月に発生した大雨等では、以下のような取組を行った地方公共団体があったことから、今後の災害対応に当たってはこのような取組も参考にすること。

(1) 専門家による避難所における新型コロナウイルス感染症対策等の実施状況の確認に係る取組について

専門家（保健師や医師会を含む。以下同じ。）や避難生活支援スキルの高いNPO等による、個々の避難所における平時及び避難所の開設後の新型コロナウイルス感染症対策や衛生環境等の具体的な内容の確認。（※）

※ ・避難所衛生環境チェックリスト（令和2年6月：佐賀県感染防止対策地域連携協議会）別添1
　・避難所における新型コロナウイルス感染症対応チェックリスト（避難所における新型コロナウイルス感染症への対応指針より）（令和2年5月：熊本県）別添2

このほか、「令和3年8月11日からの大雨に係る被害地域における感染症予防対策等について」（令和3年8月13日付け厚生労働省健康局結核感染症課事務連絡）等を参考に適宜活用すること。

(2) 避難所における新型コロナウイルス感染症対策及び生活環境改善に係る取組について
①新型コロナウイルス感染症対策
　ア　避難所の発熱等の症状のある避難者に対して、別室を用意して隔離するとともに、保健所及び地元の医療機関が連携して検査を実施。
　イ　避難所において、消毒や拭き掃除がしやすいようにポリカーボネート製等の簡易ベッドを利用。

②生活環境改善に係る取組
　ア　熱中症対策、寒さ対策の観点から、冷暖房設備が完備された避難所を優先的に開設。体育館に冷暖房設備が完備されていない学校等においては、冷暖房設備が完備されている教室等を適宜活用。
　イ　普段土足で利用されている施設であっても、避難所として活用する場合には、土足を禁止し、下駄箱（段ボールで作成した簡易なもの等）を設置するなど、衛生管理の観点から、屋外と屋内の動線を分離。また、トイレにおいても、専用のスリッパ等を用意し衛生管理を徹底。
　ウ　要配慮者が滞在する避難所で必要となる段ボールベッドを確保するため、県があっ旋して同一県内の他の市から融通して調達。
　エ　災害発生直後には、段ボールベッドの上に座布団や簡易マットを敷いて寝床生活を送ることが多いが、避難生活が長期化する場合には、別途マットレス、布団やリネン等を手配。
　オ　避難者に対して、災害発生直後には、避難所の備蓄食料（アルファー米、カップ麺等）の提供が中心となるが、避難生活が長期化する場合には、地元の飲食店等とも連携して、栄養面にも配慮した弁当等を提供。

2. 自宅療養者等の災害時の対応について

(1) 関係部局間での連携並びに自宅療養者及び濃厚接触者に対する情報共有等について

　　現下の新型コロナウイルス感染症の感染状況を踏まえ、平時から、都道府県及び市町村の関係部局が連携して、自宅療養者又は濃厚接触者（以下「自宅療養者等」という。）に対する情報提供等について検討し、必要な対応を行うことが特に重要となっている。

　　このため、「災害発生時における新型コロナウイルス感染症拡大防止策の適切な実施に必要な新型コロナウイルス感染症に関する情報共有について」（令和2年7月8日付け事務連絡）等を踏まえ、自宅療養者等の被災に備えて、平時から、都道府県及び市町村の防災担当部局、保健福祉部局及び保健所が連携して、自宅療養者等の避難先の確保や避難方法の伝達等についての責任主体、役割分担を決め、あらかじめ、具体的な情報共有の内容や方法を定めておくこと。また、あらかじめ、自宅療養者等の災害時の対応や避難方法等を定めておき、本人に対して伝えておくこと。

　　この際、自宅療養者に関する災害時の対応の調整及び情報共有等の取組について、（別紙）のように取り組まれている事例があるため、参考とすること。

(2) 濃厚接触者の避難について

　　濃厚接触者が避難する場合には、可能な限り個室管理することとしているところ、個室管理が困難な場合には、専用スペース等を確保し、やむを得ず同室にする場合には、パーティションで区切る等の工夫をすること。また、現下の新型コロナウイルス感染症の感染状況を踏まえ、濃厚接触者専用の避難所の確保も検討すること。その際、「避難所における新型コロナウイルス感染症への対応に関するQ＆A（第3版）について」（令和3年5月13日付け府政防第626号等）等も参考にすること。

3. 避難所における各世帯の滞在する区画等の管理について

　　避難所で新型コロナウイルス感染症の陽性者が発生した場合において、濃厚接触者の特定に活かせるよう、各世帯の滞在する区画等に番号を付して管理すること。その際、「「避難所における新型コロナウイルス感染症への対応の参考資料」（第2版）について」（令和2年6月10日付け府政防第1262号等）や「避難所における新型コロナウイルス感染症対策等の取組事例集」（令和3年5月　内閣府（防災担当））等も参考にすること。

<連絡先>
内閣府政策統括官（防災担当）付参事官（避難生活担当）付
　　　　　　　　　　　　　　　　　　TEL 03-3501-5191（直通）
消防庁国民保護・防災部防災課
　　　　　　　　　　　　　　　　　　TEL 03-5253-7525（直通）
厚生労働省健康局結核感染症課
　　　　　　　　　　　　　　　　　　TEL 03-3595-2257（直通）

自宅療養者に関する災害時の対応の調整及び情報共有等の取組事例

１．都道府県・市町村が連携して自宅療養者の避難先の調整等を行う取組【神奈川県】

① 保健所（県が所管する保健所に限る。以下同じ。）において、自宅療養者に対して、あらかじめ、災害時（災害のおそれがある場合を含む。以下同じ。）の対応・避難方法等の基本的な事項や、災害時に保健所から神奈川県及び市町村（県の保健所が所管する市町村に限る。以下同じ。）の自宅療養者の担当部局（防災部局又は保健医療部局）へ個人情報（氏名、住所、性別、生年月日、連絡先。以下同じ。）を共有することを説明しておく。

② 災害時において避難を円滑に実施する観点から、平時から、保健所で保有している自宅療養者の個人情報を県の防災部局と共有するとともに、県の防災部局は、市町村の自宅療養者の担当部局（防災部局又は保健医療部局）に対し、居住地域ごとの人数について、個人情報が特定できない範囲で共有しておく。

③ 災害時には、県の防災部局は、自宅療養者の個人情報について、市町村の自宅療養者の担当部局（防災部局又は保健医療部局）と共有する。

④ 台風などあらかじめ予期できる災害については、市町村の自宅療養者の担当部局（防災部局又は保健医療部局）から自宅療養者に対して、宿泊療養施設への避難の希望の有無を確認する（夜間を含む。）。

⑤ ④により宿泊療養施設への避難を希望する自宅療養者については、県の保健医療部局が療養者や搬送事業者の安全性や施設の受入能力を勘案して可能な限り、民間救急を活用して宿泊療養施設へ移送する。

⑥ 上記の調整を行うこととした上で、なお、避難を希望する自宅療養者の宿泊療養施設等の確保が困難な場合や、地震などあらかじめ予期できない災害による被災等により避難先の確保の調整に時間を要するなど、やむを得ず、自宅療養者が一時的に避難所に滞在する場合は、一般の避難所の別の建物、一般の避難所内の専用スペース等を確保するよう、「新型コロナウイルス感染症を踏まえた避難所運営ガイドライン」（令和２年６月　神奈川県策定）で市町村に示している。

第5部　資料

2．主に保健所が自宅療養者の避難先の調整等を行う取組【福岡県】

① 保健所は、疫学調査の際、災害時の対応、避難に関する問い合わせ先等を本人に伝え、避難先と避難方法等について本人と協議しておく。また、災害時に保健所から市町村に情報共有することについて、あらかじめ自宅療養者本人から同意をとっておく。

② 災害時において避難を円滑に実施する観点から、平時より、保健所で保有している自宅療養者の人数を個人情報が特定できない範囲で市町村の防災部局へ共有する。

③ 市町村は、自宅療養者が速やかに近隣の宿泊療養施設等に避難することができない場合などを想定して、専用避難所や一般避難所の専用スペースの確保について、保健所と協議しておく。

　保健所は、市町村が専用避難所等を設置する場合、自宅療養者の氏名、住所、電話番号、自力避難の可否、その他必要な情報を共有する。

④ 保健所は、市町村と連携のもと、ハザードマップ等に基づき自宅療養者宅が危険エリアに含まれていないか事前把握に努める。

　市町村は、避難所を設置する警戒レベル3（高齢者等避難）を発令する見込みが高い場合、保健所へ連絡する。

　保健所は市町村からの連絡を受け、自宅療養者へ連絡し、避難先（在宅避難、医療機関、宿泊療養施設）を確認する（夜間を含む。）。医療機関を選択した場合は保健所が医療機関と調整する。宿泊療養施設を選択した場合は県本庁において調整し、避難先決定後に保健所に連絡する。

⑤ 宿泊療養施設等へ避難する自宅療養者については、原則、公用車、または自宅療養者家族による自家用車送迎で避難する。

※ このほか、災害時において避難を円滑に実施する観点から、自宅療養者本人の同意を得られていない場合であっても、災害時には、保健所から市町村防災部局へ個人情報（氏名、住所、連絡先等）の共有を行っている自治体もある。

避難所衛生環境チェックリスト

記載日：　　　　　　年　　　月　　　日　　　　記載者氏名：

避難所名：　　　　　　　　　　　　　　　　　　記載者連絡先：

		チェックポイント	チェック結果
避難所全般	①	避難所に入る前に、泥や粉じんを落とす場所があるか	□はい　□いいえ
	②	避難所は土足禁止とし内と外の境界が明瞭であるか	□はい　□いいえ
	③	避難所受付・健康管理に用いる体温計は非接触型が準備されているか	□はい　□いいえ
	④	避難所の目立つ場所（掲示板・入口）や、トイレなどの感染リスクが高い場所に、感染症予防ポスターを掲示しているか	□はい　□いいえ
	⑤	ペットの避難場所は区分けされているか（受入れ可の場合）	□はい　□いいえ
	⑥	多くの人が使用する場所（入口・トイレ・食堂等）に手指消毒剤を設置しているか	□はい　□いいえ
	⑦	発熱・呼吸器/消化器症状のある人を隔離する部屋が予め確保できているか（トイレも隔離することを想定しておく）	□はい　□いいえ
	⑧	清掃の担当と頻度が決められており、定期的に換気できているか	□はい　□いいえ
	⑨	ごみ箱の設置場所は、食事場所など清潔なエリアと混在することがない場所に決められているか（可能であれば蓋をすると尚良い）	□はい　□いいえ
	⑩	ごみの保管場所は、居住スペースとは別の場所に設置し、臭気などが発生しない頻度で回収できているか	□はい　□いいえ
	⑪	手指衛生や環境消毒に使用する薬剤の使用期限・保管場所は適切であるか	□はい　□いいえ
居住	⑫	家族と家族の間は2mスペースを確保しているか（距離が保てない場合はパーティションを用いる等工夫する）	□はい　□いいえ
	⑬	世帯毎に部屋に避難している場合、定期的に部屋の換気を促しているか	□はい　□いいえ
	⑭	寝床は、段ボールベッドを使用する等、床からの粉塵の吸入を防止するための対策をとっているか（マットレスの場合、清掃の徹底と頭元に通路を作らない工夫等）	□はい　□いいえ
	⑮	段ボールベッドやマットレスの配置は、飛沫予防のために頭元は互い違いにするなど工夫しているか	□はい　□いいえ
食事	⑯	食事前に手指衛生ができる環境が整っているか（手洗い場・石けん/手指消毒剤）	□はい　□いいえ
	⑰	テーブルは避難者数に応じ準備し、3密に配慮したレイアウトとなっているか	□はい　□いいえ
	⑱	食事はテーブルで摂取できているか（床に直置きして摂取しない）	□はい　□いいえ
	⑲	食事前にテーブルを清拭できる環境が整っているか	□はい　□いいえ
	⑳	摂取後の残飯やごみは速やかに回収しているか	□はい　□いいえ
トイレ	㉑	避難者数に対しトイレの設置数（男女比）は妥当であるか（最低50人に1基、可能であれば20人に1基、男＜女が望ましい）	□はい　□いいえ
	㉒	手洗いに必要な石けん（または手指消毒剤）、ペーパータオルが清潔に準備されているか（泡タイプの手指消毒剤は、高齢者には石けんと区別しにくいため注意）	□はい　□いいえ
	㉓	定期清掃・環境消毒場所（高頻度接触面）及び担当者が決められているか	□はい　□いいえ
	㉔	清掃・環境消毒に必要な個人防護具や消毒薬が準備できているか	□はい　□いいえ
	㉕	乳幼児のおむつ交換をする場所が決められているか（ワンフロアでは、一角を不潔エリアとして区分けする等）	□はい　□いいえ

※令和2年6月　佐賀県感染防止対策地域連携協議会作成

★避難所衛生環境チェックリストの注意事項★

・本チェックリストのチェックポイントは、ライフラインの遮断等、全ての被災状況を踏まえた内容とはなっていません。発災形態やライフラインの確保状況に応じ、柔軟に対応し準備・改善して下さい。

・本チェックリストのチェックポイントに沿って、予め避難所の構造及び周辺の地域住民の特性を踏まえ、避難所運営に必要な資材の準備、シミュレーションを行って下さい。

・本チェックリストは、避難所開設時及びライフライン状況の変化時、避難者数の変化時等に評価することをお勧めします。

避難所における新型コロナウイルス感染症対応チェックリスト

1 **避難行動の住民への周知**

☐ 適切な避難場所の選定について周知を図っている。

☐ 必要な物資は避難所に持参するよう呼びかけている。

2 **避難所の確保**

☐ 可能な限り多くの避難所の確保を行っている。

☐ 避難所の活用スペースの見直しを行っている。

☐ 要配慮者の受入先の確保を行っている。

3 **避難所開設の事前準備**

☐ 避難所で十分なスペースが確保できるよう検討を行っている。

☐ 管轄保健所との相談・連携体制を構築している。

☐ 感染防止対策に有効な物資・資材の確保を行っている。

☐ 要配慮者への対応を検討している。

☐ 避難所運営担当職員に対する研修及び訓練を実施している。

4 **避難所における感染防止対策**

☐ 入所時には手指の消毒・体温計測を行い、受付票の内容及び聞き取りにより健康状態を十分確認する。

☐ 避難所内は定期的に換気し、パーティション等を活用して避難者間のスペースを十分に確保する。

☐ 避難所内ではマスク着用を原則とし、手洗いや咳エチケット等の基本的な感染症対策を徹底する。

☐ 消毒液を避難所の出入口、トイレ周辺等に設置し、手指の消毒を徹底する。

☐ 避難所内は定期的に清掃し、物品等も定期的、および目に見える汚れがあるときに家庭用洗剤を用いて清掃するなど、避難所内の衛生環境を整える。

☐ 物資配布時間を細かく調整するなどして、避難所内での密集・密接を回避する。

☐ 避難所内は内履きと外履き（土足）エリアに区分する。

☐ 避難所内に感染防止対策に係るポスター等を掲示し、周知啓発を行う。

5 **避難者の健康管理**

☐ 避難所内には保健師等を配置又は巡回させ、避難者の健康状態を定期的に確認する。

6 **車中泊など避難所外避難者への対応**

☐ 集約場所の確保や避難者の効率的な把握体制の構築を図っている。

新型コロナウイルス感染症対策に配慮した避難所開設・運営訓練ガイドライン（第3版）（抄）

（令和3年6月16日）

　新型コロナウイルス感染症の影響により、災害時の避難所運営が課題となっているが、避難者はもちろんのこと、避難所運営スタッフの感染をも防止するため、避難所という密になりやすい空間の中で、感染拡大防止策を徹底することが極めて重要となっている。

　避難所の運営は、地域ごとのマニュアルによって差はあるが、概ね下表のような班体制（役割分担）でなされることが多い。新型コロナウイルス感染症対策については、保健・衛生・救護班、情報班の役割が大きく増大することが想定されるが、その他の担当においても、何らかの感染症対策が必要になってくるため、それぞれの業務について、シミュレーションを行い、必要な人員数等の確認、役割分担、手順、課題やボトルネックを洗い出しておくことが重要である。

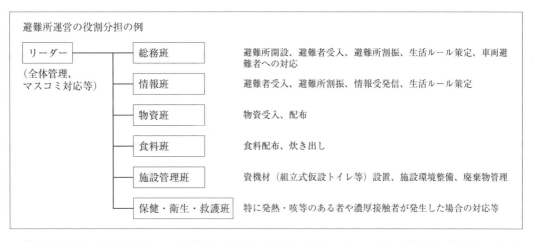

避難所運営の役割分担の例

リーダー（全体管理、マスコミ対応等）	総務班	避難所開設、避難者受入、避難所割振、生活ルール策定、車両避難者への対応
	情報班	避難者受入、避難所割振、情報受発信、生活ルール策定
	物資班	物資受入、配布
	食料班	食料配布、炊き出し
	施設管理班	資機材（組立式仮設トイレ等）設置、施設環境整備、廃棄物管理
	保健・衛生・救護班	特に発熱・咳等のある者や濃厚接触者が発生した場合の対応等

　避難所開設・運営訓練は、避難所の開設・運営に際し、どのような業務が発生するかという観点から訓練を行うことが通常であるが、避難所開設・運営業務には、大きく分けて、避難所開設、避難者受入、避難所割振、保健・衛生・救護、情報受発信、物資受入・配布、食料配布・炊出し、資機材・環境整備、生活ルール策定、避難所運営会議がある。新型コロナウイルス感染症対策が求められる状況においては、避難者受入れにおいても、体温や体調を事前に確認したり、換気や消毒の回数の増大などの業務が追加的に発生するほか、発熱・咳等のある人や濃厚接触者が出た場合の対応業務が新たに発生し、やむをえず車両避難者（車中泊者）が増大するおそれから車中泊者対応業務が増加する。また、ペット連れの被災者の人命に関わる問題として、飼い主が避難をためらわずに、避難所で適切な飼養を行うことができるようペット同行避難者の受入対応を整えておくことが必要となっており、それぞれに災害種別に応じた訓練を行っておくことが重要である。

避難所の運営においては、多様な人々への配慮のためにも、女性の視点を取り入れることが必要である。避難所運営の意思決定の場への女性の参画、性暴力・DVの防止、男女ペアによる巡回警備、複合的に脆弱な要素を持つ女性の困難の解消など避難所運営・開設訓練においても意識し、積極的に取り組まれたい。

本ガイドラインでは、内閣府「避難所運営ガイドライン」（平成28年4月）内のチェックリストにおける確認事項を前提としつつ、以下のそれぞれの業務ごとに、感染症拡大防止の観点から、訓練において確認すべき事項等を列記している。訓練の際には、「避難所運営ガイドライン」と併せて、本ガイドラインを参照し、確認をされることを推奨する。

感染症拡大のおそれのある中での自然災害対応においては、防災担当主管部局と保健福祉部局、保健所、消防等との連携は一層強く求められるものであり、訓練を通して関係部局間の連携についての課題を確認できるよう、訓練を企画・実施する際に、自治体の関係部局（防災担当主管部局、保健福祉部局、保健所、消防等）や自主防災組織において、本ガイドラインを利活用されることを期待する。

　1．避難所開設

　2．避難者受入

　3．避難所割振

　4．保健・衛生・救護
　　　特に、発熱・咳等のある人や濃厚接触者が出た場合の対応

　5．情報受発信

　6．物資受入・配布

　7．食料配布・炊き出し

　8．資機材設置・施設環境整備

　9．生活ルール策定

　10．ペット同行避難者への対応

　11．車両避難者（車中泊者）への対応

　12．避難所運営会議

なお、避難所内における業務を中心に訓練時の確認事項を記載しているが、感染症のおそれがある中、やむを得ず車両避難（車中泊）をする避難者が増加することが予想されるため、食事、物資や情報の提供等、避難所外の避難者への対応についても、予め検討しておくことも重要であり、留意されたい。

〔以下、略〕

避難所における新型コロナウイルス感染症への対応　Q＆A〜自治体向け〜（第3版）（抄）

（令和3年5月13日）

1．平時における対応
○自宅療養者等の避難の検討

> Q1　自宅療養者の避難先はどのように検討する必要がありますか。

A1

　　自宅療養者の被災に備えて、都道府県及び市町村の防災担当部局と保健福祉部局、保健所が連携して、自宅療養者の情報を共有し、予め災害時の対応・避難方法等を決め、本人に伝えておくことが重要です。家族と離れて避難する可能性があることも伝えます。

　　新型コロナウイルス感染症の場合は、軽症者等であっても、感染拡大を防止するため、宿泊療養施設等に滞在することが原則ですが、速やかに近隣の宿泊療養施設等に避難することができない場合には、まず避難所に避難し、避難先の宿泊療養施設等が決まるまで、待機していただくことが考えられます。自宅療養者が避難所に避難する場合の対応は、「「避難所における新型コロナウイルス感染症への対応の参考資料」（第2版）について」（令和2年6月10日、府政防第1262号等）の避難所レイアウト（例）等を参考に、適切な対応を検討します。

　　自宅療養者が一般の避難所へ避難した後、都道府県の災害対策本部及び保健所等の調整・指揮の下、宿泊療養施設等の被災状況や居室の状況等を確認し、対応可能な宿泊療養施設等を確認次第、すみやかに移送を検討します。

　　また、発災時の自宅療養者の安否確認方法を事前に検討し、自宅療養者本人に伝えておくことが望ましいです。災害時は停電や電話が殺到すること等による通信障害が想定されるため、別の電話番号を設定しておくことや可能であれば保健所から自宅療養者に連絡をとるといった工夫が考えられます。

　　また、災害発生時に各自宅療養者が実際にどこに避難したか、関係部局が連携して情報を収集する体制を検討しておくことも重要です。

　　なお、避難とは「難」を「避」けることであり、安全な場所にいる人まで避難する必要はないことに留意します。また、自宅療養の解除基準が満たされた場合には、上記自宅療養者の対応は不要であることに留意します。

A2

　自宅療養者や濃厚接触者への対応に当たっては、関係部局が、都道府県が保有している情報について、「都道府県から市町村に対する新型コロナウイルス感染症に関する情報の提供について」（令和2年4月2日付け事務連絡　内閣官房新型コロナウイルス感染症対策推進室、総務省地域力創造グループ地域情報政策室）の内容に留意の上、情報共有が可能であるため、適切に共有してください。

　自宅療養者や濃厚接触者の情報があれば、例えば、ハザードマップ等と照合することにより、該当者が危険エリアに居住しているか否か、仮にそうであれば、自宅療養者の場合は万一の場合の移送手段を確保できているか否か、濃厚接触者であれば最寄りの避難所で専用の避難スペースを確保できているか否か、などの事前の検討・準備が可能となります。また、あらかじめ災害時の対応、避難方法等を決め、本人に伝えておくことが重要です。

　このため、「災害発生時における新型コロナウイルス感染症拡大防止策の適切な実施に必要な新型コロナウイルス感染症に関する情報共有について」（令和2年7月8日付け事務連絡）を参考に、自宅療養者又は濃厚接触者の被災に備えて、平時から、都道府県及び市町村の防災担当部局、保健福祉部局及び保健所が連携して、災害時の対応の検討、役割分担の調整等を行い、あらかじめ、自宅療養者等の避難方法等を決め、伝えておくことが重要です。災害時の対応に係る事前の検討・準備に必要な情報共有のあり方は、新型コロナウイルス感染症の流行状況や地域の実情等に応じて様々考えられますが、次のような対応事例も参考にしつつ、自宅療養者等に不当な差別・偏見が生じないように十分に留意の上、関係部局の間で、自宅療養者等の避難先の確保や避難方法の伝達等についての責任主体、役割分担を決め、あらかじめ、具体的な情報共有の内容や方法を定めておくことが必要です。

（対応事例）

①　都道府県等の保健所と市町村の防災担当部局との間で、避難所に避難する可能性がある自宅療養者等の人数、おおよその居住地等の情報を共有し、自宅療養者等の避難の確保に向けた対応の検討、役割分担の調整等を行い、その結果に基づき、都道府県等の保健所から自宅療養者等に対して避難先、避難の方法等を伝えます。

②　都道府県等の保健所と都道府県及び市町村の防災担当部局とが連携し、都道府県等の保健所において、ハザードマップ等に基づき自宅療養者等が危険エリアに居住しているか否かの確認を行うとともに、仮にそうであれば、市町村の防災担当部局と連携し、自宅療養者等の避難の確保に向けた具体的な検討・調整を行い、都道府県等の保健所から自宅療養者等に対して避難先、避難方法等を伝えます。

Q3 自宅療養者が一般の避難所に避難した場合の留意点は何ですか。

A3

　自宅療養者が近隣の宿泊療養施設等に避難することができず、一般の避難所へ避難した際、都道府県の災害対策本部及び保健所等に連絡して、できる限り速やかに対応可能な宿泊療養施設等を調整することが必要です。それまでの間、自宅療養者の一時的な避難スペースは、一般の避難者とは別の建物とすることが望ましいです。同一建物の場合は、動線を分け、専用階段とスペース、専用のトイレが必要です。風呂・シャワーを使用する場合は、専用とすることが望ましいですが、困難な場合は、時間的分離・消毒等の工夫をすることが必要です。

　避難所における自宅療養者への対応については、都道府県及び市町村の防災担当部局、保健福祉部局、保健所等が十分に連携した上で、人権が侵害されるような事態が生じないよう適切な対応を事前に検討してください。人権に配慮した啓発ポスターを掲示することが考えられます。

Q4 災害時に自宅療養者や濃厚接触者が自家用車で移動する場合の留意点は何ですか。

A4

　自家用車の使用は、事前の保健所との相談内容や、災害の状況により検討します。乗車する人数は最小限にし、自宅療養者や濃厚接触者は他の乗員と最も距離のとれる座席に乗車していただくことが考えられます。窓を開けながら運転し、乗員は必ずマスクを着用します。乗車後は、消毒を行います。

Q5 濃厚接触者が避難する必要がある場合は、どのような準備をする必要がありますか。

A5

　濃厚接触者は、可能な限り個室管理とします。難しい場合は、専用のスペースと専用トイレ、独立した動線をできる限り確保してください。

　一般の避難所で十分な個室管理ができない場合には、濃厚接触者専用の避難所の確保も検討してください。

　避難所における濃厚接触者への対応については、都道府県及び市町村の防災担当部局、保健福祉部局、保健所が十分に連携した上で、適切な対応を事前に検討してください。

第5部 資料

○避難者の健康管理に関することの準備

> Q6　避難所における衛生環境対策としてどのようなものを備蓄する必要があります
> か。

A6

　別紙に、備蓄することが必要と考えられるもののリストを紹介しています。衛生環境
対策としての備蓄を進めてください。市町村が備蓄物資を調達するに当たっては、必要
に応じて都道府県が市町村を支援してください。

> Q7　避難者が避難所に到着した際、どのように健康状態を把握し、滞在スペースの振
> り分けを行えば良いですか。

A7

　都道府県及び市町村の保健福祉部局、保健所、防災担当部局が十分に調整して、避難
者の健康状態を確認するための健康チェックリストを作成し、避難所内のどの部屋・ス
ペースに振り分けるかの判断基準を決めておくことが重要です。チェックリスト例（別
紙）、滞在スペースと区画の振り分け例（別紙）をご参考として下さい。

　避難者にあらかじめ体温計、マスク、消毒液、上履き（スリッパ、靴下など）、ごみ
袋を準備して持参することを促します。しかし、緊急避難が迫っている場合は、これら
の準備がなくてもすぐに避難行動が取れるように周知します。

　避難所においても体温計を準備します。体温計（非接触型）を準備することも考えら
れます。また、レンタル等により、サーモグラフィーを設置することも考えられます。

　避難所の入口に、発熱、咳等の症状のある人や濃厚接触者専用の受付窓口（テント）
を設け、対応することも考えられます。

　避難者に屋外で受付を長時間待たせておくことが風雨のために適当でない場合には、
濃厚接触者及び新型コロナウイルス感染者については専用の施設や専用スペースに避難
させ、それ以外の避難者はいったん屋内に避難させた上で健康チェックを行うことも考
えられます。健康チェックの結果に応じて、避難所内の部屋・スペースに移動していた
だきます。

　受付窓口担当者は、マスク、使い捨て手袋を着用します。眼の防護具（フェイスシー
ルド又はゴーグル。目を覆うことができる物で代替可（シュノーケリングマスク等）。
以下同じ。）は、スタッフの個々が担当する内容に応じて使用できるよう準備しておき
ます（例：受付で連続して同じ人が複数の避難者に応対する際は着用する。単発的に、
短時間（一人15分以内）で接する際は着用不要。）。受付は、ビニールシールドを設置す
ることも考えられます。速乾性消毒剤を受付に置いておくと、検温担当者の検温ごとの
手指の消毒や、複数の人が使う場合の体温計の消毒に利用できます。非接触型の体温計
であれば、その都度の消毒は不要です。受付窓口担当者へは、人権を尊重した対応につ

いて、教育・啓発が必要です。（感染者を排除するのではなく、感染対策上の対応であること。）

　また、自宅療養者が一時的に避難所に避難した場合には、健康チェックシートだけでなく、PCR陽性となった月日（又は自宅療養開始月日）などを確認します。

　テープによる区画や、パーティション、テント毎に番号を付した配置図をあらかじめ作成しておき、どの避難者がどの部屋、どの番号等の区画等に滞在しているか分かるように管理します。受付付近に必要な誘導の張り紙類についても、あらかじめ準備をしておくことも考えられます。レイアウト例（別紙）をご参考として下さい。

　避難者名簿には、新型コロナウイルス感染症の患者が生じた場合、その濃厚接触者を後追いできるように、滞在する部屋の名称や区画番号等の記録を追加します。（感染防止のため世帯ごとに１枚の名簿を作成）

　なお、避難所の受付窓口では、被災者に関するアセスメント調査表を配布し、避難所にいる避難者だけでなく、生活物資等を受け取りに避難所に来られる在宅避難者等の被災状況の確認に活用するとともに、被災者台帳につなげることもご検討ください。

Q8　避難所で対応する職員等は、感染防止対策として具体的にどのような対策を取れば良いでしょうか。

A8

　避難所運営にあたり、場面ごとに想定できる装備内容（別紙）をご参考として、避難所の状況に応じて判断し、対策を行って下さい。

　避難所運営スタッフは担当を専用ゾーンで分け、その他のスタッフは専用ゾーンに立ち入らないようにします。

Q9　避難所の開設後、避難者の健康状態について、どのように確認すれば良いでしょうか。

A9

　新型コロナウイルス感染症に限らず、気をつける事項として、発熱、咳、発疹・炎症、開放創、嘔吐、下痢などの体調の変化が見られた際には、避難所の保健班などに連絡するように周知します。避難者が自己アセスメントをできるよう、紙媒体の記録用紙を準備し、それにより運営者が状況把握を行います。アセスメントシート例（別紙）をご参考として下さい。

　避難所に避難した自宅療養者が避難先の宿泊療養施設等が決まるまで待機していただく間は、「新型コロナウイルス感染症軽症者が注意すべき症状」12項目に該当するような健康状態の急変をすばやく察知できるよう留意して下さい。

　また、病院等への搬送を行う必要が生じた場合の連絡手段、一時隔離方法、移送手段

などについて、都道府県及び市町村の保健福祉部局、保健所、防災担当部局、消防等が連携して決めておく必要があります。

　健康状態は、紙媒体でなく、スマートフォンのアプリで管理することも考えられます。（対象者は携帯電話を持参している人であり、充電できる環境であることが条件となります。）

　また、避難所運営スタッフも連日健康状態を確認し、記録するようにします。

Q10　災害時に医療機関との連携体制をどのように構築すれば良いでしょうか。

A10

　都道府県の防災担当主管部局と保健福祉部局が連携し、発災時に市町村が避難所における新型コロナウイルス感染症対策を適切に行えるよう、医療機関等による支援体制を構築してください。

○専用の避難所の検討

（特定の避難者の専用の避難所の検討）

Q11　特定の避難者の専用の避難所とは、どのような避難者のための避難所として設定するのですか。

A11

　感染予防及び医療・保健活動のしやすさの観点から、①高齢者・基礎疾患を有する者・障がい者・妊産婦等及びその家族、②発熱・咳等の症状のある人、③濃厚接触者について、それぞれの人の専用の避難所を事前に設定することが考えられます。設定する場合は、人権に配慮して「感染者を排除するのではなく感染対策上の対応であること」を含め、予め住民に十分に周知しておくことが重要です。

（ホテル・旅館等の避難所としての開設に向けた準備）

Q12　ホテル・旅館等には、どのような避難者の受入れを検討するのが良いでしょうか。

A12

　高齢者・基礎疾患を有する者・障がい者・妊産婦・訪日外国人旅行者等及びその家族等を優先的に避難するように検討することが考えられます。優先順位の考え方を決めておくとともに、事前にリストを作成し、災害時には、避難所として開設したホテル・旅館等に、上記優先順位を踏まえつつ、受入れを図ってください。

　また、避難が長期にわたると見込まれる場合には、健康な人等を含め、できるだけ早期に、ホテル・旅館、研修所、その他宿泊施設等に移送することが望ましいです。

○避難所のスペースの利用方法等の検討

（一般の避難所内の動線、ゾーニング）

> Q13　避難所における健康な避難者の感染リスクを下げるため、避難所内の動線の分け方やゾーニングを適切に行い、避難者にとって十分なスペースを確保するためには、どのようにすれば良いですか。

A13

　　避難所内の動線の分け方やゾーニング、十分なスペースの確保の検討に当たっては、「「避難所における新型コロナウイルス感染症への対応の参考資料」（第2版）について」（令和2年6月10日、府政防第1262号等）を参考として下さい。発熱・咳等のある人や濃厚接触者のレイアウトは、専門家の確認を受けることが重要です。事前の確認が困難な場合でも、運用後に専門家の確認を受けるようにしてください。

　　避難者や避難所運営者のため、専用スペースや動線の分かる案内板を用意します。

2．発災後における対応

○避難所の衛生環境の確保

（健康な避難者への対応）

> Q14　健康な避難者の滞在スペースにおける清掃や消毒は、どのように行えば良いでしょうか。

A14

　　健康な避難者が利用する場所のうち、①特に多くの避難者等が手を触れる箇所（ドアノブ、手すり、スイッチなど）は1日にこまめに、②トイレは目に見える汚物があればその都度、また汚れが特に見えなくても1日3回（午前・午後・夕）以上の複数回、消毒液（消毒用エタノール、家庭用洗剤、次亜塩素酸ナトリウム、亜塩素酸水、次亜塩素酸水等）を使用して清拭します。トイレの床は、新型コロナウイルスが検出されやすいため、注意が必要です。トイレについて、ドアノブ、水洗トイレのレバー等は、こまめに消毒します。排泄物で汚染された部位の表面には、次亜塩素酸ナトリウムまたは亜塩素酸水を使用します。また、洋式トイレで蓋がある場合は、トイレの蓋を閉めて流すよう表示します。換気も十分に行います。手洗い場には石けん・消毒剤を設置し、トイレ使用後の手洗い・消毒を徹底します。

　　掃除、消毒の際には、マスク、眼の防護具、掃除用手袋（手首を覆えるもの。使い捨てビニール手袋も可。以下同じ。）を適切に選択して着用します。

　　避難所では様々なものを共用しており、用具や物品の共用を、できれば避けるようにしますが、消毒できるものについては消毒を行い、使用後には手洗いをするように避難者等に周知徹底します。

（発熱、咳等の症状のある人や濃厚接触者への対応）

> Q15 発熱、咳等の症状のある人の専用ゾーン、濃厚接触者の専用ゾーンでは、どんな
> ことに注意して対応すれば良いでしょうか。

A15

都道府県及び市町村の防災担当部局や保健福祉部局、保健所、医療機関が十分に連携の上で、適切な対応を事前に検討します。

都道府県及び市町村の保健福祉部局は、保健師・看護師・医師を巡回・派遣し、健康状態を確認します。特に濃厚接触者については保健師の巡回・派遣が適切に行われるよう留意します。症状が変化した場合などに備え、保健福祉部局や保健所等が避難所運営者から連絡・相談を受ける体制を確保します。

発熱・咳等の症状のある人の専用ゾーン、濃厚接触者の専用ゾーンでは、下記に留意して対応してください。

・　発熱・咳等の症状のある人、濃厚接触者のお世話をする人

心臓、肺、腎臓に持病のある方、糖尿病の方、免疫の低下した方、妊婦の方などは、ご自身の体調に留意することが大事ですので、発熱・咳等の症状のある人、濃厚接触者のお世話をするのは避けてください。

・　装備について

発熱・咳等の症状のある人や濃厚接触者と応対する際には、使い捨て手袋、マスク、眼の防護具を適切に選択し、着用します。

・　マスクについて

使用したマスクは他の部屋に持ち出さないでください。

マスクの表面には触れないようにしてください。マスクを外す際には、ゴムやひもをつまんで外します。マスクを外した後は必ず石鹸で手を洗ってください（アルコール手指消毒剤でも可）。マスクが汚れたときは、新しい清潔な乾燥マスクと交換してください。マスクがないときなどに咳やくしゃみをする際は、ティッシュ等で口と鼻を覆います。

・　手指衛生について

こまめに石鹸で手を洗います。アルコール消毒をします。洗っていない手で目や鼻、口などを触らないようにします。

・　換気について

換気を十分にします（Q26参照）。

・　消毒について

複数の人が手で触れる共用部分（トイレを含む）を消毒します。

掃除用手袋、眼の防護具、マスクを着用し、通常の清掃に加え、Q14の方法で消毒を行います。頻度は、例えば2時間ごとなどルールを決めて行うことが望ましいです。

また、新型コロナウイルス感染症の疑いのある患者や濃厚接触者が使用した使用後のトイレは、急性の下痢症状などでトイレが汚れた場合には、次亜塩素酸ナトリウム、アルコール（70％）、または亜塩素酸水による清拭を行います。

（新型コロナウイルス感染症を発症した人への対応）

Q16　災害時に、新型コロナウイルス感染症を発症した場合、どのように対応すれば良いですか。

A16

　避難所から病院への移送を含め、都道府県及び市町村の保健福祉部局、保健所、防災担当部局、医療機関が十分に連携の上で、適切な対応を事前に検討するとともに、発災時の対応を行ってください。

Q17　新型コロナウイルス感染症を発症した軽症者等の建物等について、どんなことに注意して対応すれば良いでしょうか。

A17

　都道府県及び市町村の保健福祉部局、保健所、防災担当部局、医療機関が十分に連携の上で、適切な対応を事前に検討してください。

・　できる限り速やかに宿泊療養施設や病院に移送します。

・　軽症者等と対応する際には、使い捨て手袋・マスク・眼の防護具を適切に選択し、着用します。軽症者等もマスクを着用します。

・　軽症者等が一時的に避難所を利用した際には、共用部（トイレを含む）の清掃・消毒に当たって、掃除用手袋、マスク、眼の防護具、長袖ガウン（医療用ではないので、ゴミ袋での手作り、カッパでの代用も可。以下同じ。）を着用し、通常の清掃に加え、Q14の方法で消毒を行います。頻度は、例えば2時間ごとなどルールを決めて行うことが望ましいです。

　また、軽症者等が使用した使用後のトイレは、急性の下痢症状などでトイレが汚れた場合には、次亜塩素酸ナトリウム、アルコール（70％）、または亜塩素酸水による清拭を行います。

・　避難所から排出されるごみのうち、ウイルスが付着している可能性の高いごみ（使用済みのマスク、ティッシュ、使い捨て手袋、弁当の容器など）については、処理する際に、ごみに直接触れない、ごみ袋をしっかり縛って封をする、ごみを取り扱ったあとはしっかり手を洗う、などの対策を実施することに留意します。また、ごみが袋の外面に触れた場合や、袋を縛った際に隙間がある場合や袋に破れがある場合など密閉性をより高める必要がある場合は、二重にごみ袋に入れるなどの感染防止策に留意する必要があります。

これらのごみは、他のごみと同様に、基本的に一般廃棄物として処理できますが、ごみの処理先等については、市町村の廃棄物部局とご相談ください。

ごみを取り扱う際には、掃除用手袋とマスク、眼の保護具、長袖ガウンを着用することを検討します。

Q18　避難者が新型コロナウイルス感染症を発症した場合、避難所内の滞在スペースにおける消毒は、誰が行えば良いでしょうか。

A18

感染症の予防及び感染症の患者に対する医療に関する法律第二十七条に基づき、避難所を管理する市町村等が消毒を行うこととなります。消毒の実施方法等については、保健所の指導に基づき、対応することが適当です。避難所を管理する市町村等と保健所において、事前に検討してください。

（避難所における避難者の健康維持）

Q19　避難者の深部静脈血栓症（DVT）の予防のため、どのような対策を行うのが良いでしょうか。

A19

避難者は、濃厚接触者を含め、定期的な軽い運動を推奨します。時間を決めて、施設管理者と相談の上、敷地内のスペースを歩くことを勧めることや、軽い体操の方法のリーフレット（別紙）を配布して、無理せず自分のペースで体を動かすことを促すことが望ましいです。

避難所において、正しい科学的知見に基づく食事、運動等の在り方に関する正しい知識や、運動機会を提供するなどの健康維持に資する活動を行うことが考えられます。

（ペット同伴避難者への対応）

Q20　ペットを伴った避難者には、どのように対応をすれば良いですか。

A20

ペットは飼い主にとってはとても大切な存在であることから、被災者の安全を確保するためには、飼い主自身が自らの安全を確保し、ペットとともに避難する同行避難への対応についてルールを決めておくことが重要です。

市町村は、必要に応じ、避難所におけるペットのための避難スペースの確保等に努めるとともに、獣医師会や動物取扱業者等から必要な支援が受けられるよう、連携することが重要です。

また、避難所は動物が苦手な人や動物に対してアレルギーを持っている人等と共同生

活を送るところであり、ペットの鳴き声や毛の飛散、におい等への配慮が必要です。

　各避難所におけるペット対策については、飼い主は、えさ、ケージ等を用意して、責任をもって避難所でペットを飼育し、避難所の運営者は、避難スペースを確保するなど、具体的な対応を検討し、ペットを伴った避難のルールを決めて、事前に飼い主へ周知し、避難所開設時にはわかりやすく掲示します。

　また、避難所開設が長期に及び、市町村等が、避難所でのペット支援にボランティアの協力を求める場合は、社会福祉協議会等と連携して受付窓口を設置し、それぞれの役割とその活動内容、行動規範を明確にした上で募集を行い、ボランティアの配置と役割を指示します。なお、協力の要請に当たっては、あらかじめ被災地周辺の安全確認や、ペット支援に当たっての人員体制、活動内容などを事前に把握しておくことが重要です。

　なお、ペットから人に新型コロナウイルスが感染した例は確認されていません（2021年4月現在）。

（車中泊への対応）

Q21　やむを得ず車中泊をしている人への対応は、どのような点に留意すべきでしょうか。

A21

　ペットの世話やプライバシー確保など様々な理由により車中泊を選択する避難者が想定され、感染症の現下の状況では、車中泊が増えることが想定されます。そのような時は、次のことに留意する必要があります。

・豪雨時は、車での屋外の移動は危険であること、また、やむを得ず車中泊をする場合は、浸水しないよう周囲の状況等を十分確認しておくことを周知します。

・車中泊のためのスペースを確保する場合には、できる限り施設内の駐車場など一か所にまとめて車両スペースを確保します。夜間の安全確保のため、照明のある場所が望ましいです。

・市町村が車中泊のためのスペースを確保する場合などにおいては、食料等必要な物資の配布や、保健師等による健康相談等を受けられる場所等の情報を車中泊の避難者に伝え、支援を受けられるよう促します。また、物資の配布等を通じて車中泊の避難者の情報を把握できるようにします。

・いわゆるエコノミークラス症候群の対策として、（別紙）を避難者等に配布し、歩行や水分補給等を進めるなど、避難者への適切な支援を行うとともに、ホテル・旅館、研修所、その他宿泊施設等の避難所を活用することも考えられます。

・車のように狭く気密な空間では短時間で車内の温度が上昇しやすく、熱中症の危険性が高まります。車両スペースはできるだけ日陰や風通しの良い場所を確保し、車用の

断熱シートや防虫ネット、網戸を使用する等の工夫をします。また、車のエンジンをかけたままカーエアコンを入れていても、暑い場所では自動車はオーバーヒートしてエンジンが停止してしまうため、特に乳幼児等の自分で行動できない者を車の中で一人にさせないようにします。

・夜間等寝るときにエンジン、エアコンをつけたままにすることは避けるようにします。

（その他）

> **Q22　避難所で炊き出しや弁当の受け取り、食事を行う際には、どのようなことに注意すべきでしょうか。**

A22

　炊き出し等を行う場合には、調理者や避難者の衛生管理を徹底するとともに、「３密」を避ける列の並び方や食事のとり方を行っていただくことなどに留意していただくことが必要です。その際、一人分ずつ小分けにして配ることや、食事をするときは、同じ方向を向いて座ったり、互い違いに座って食べるようにすることも考えられます。また、衛生管理上、保健所の指導により信頼のおけるケータリングを行うことも検討してください。

　発熱、咳等の症状のある人や濃厚接触者への食事の受け渡しは、直接行わず、各居室前などに置いて渡す方法とします。

> **Q23　ごみ処理はどのように行えば良いでしょうか。**

A23

　都道府県及び市町村の保健福祉部局、保健所、防災担当部局が十分に連携の上で、適切な対応を事前に検討します。生ごみや弁当の容器などの処理については、処理を行う人の防御策とそれに必要な備品を用意します。

　避難所から排出されるごみのうち、ウイルスが付着している可能性の高いごみ（使用済みのマスク、ティッシュ、使い捨て手袋、弁当の容器など）については、処理する際に、ごみに直接触れない、ごみ袋をしっかり縛って封をする、ごみを取り扱ったあとはしっかり手を洗う、などの対策を実施することに留意します。また、ごみが袋の外面に触れた場合や、袋を縛った際に隙間がある場合や袋に破れがある場合など密閉性をより高める必要がある場合は、二重にごみ袋に入れるなどの感染防止策に留意する必要があります。

　これらのごみは、他のごみと同様に、基本的に一般廃棄物として処理できますが、ごみの処理先等については、市町村の廃棄物部局とご相談ください。

ごみを取り扱う際には、掃除用手袋とマスク、眼の保護具、長袖ガウンを着用することを検討します。

Q24　シャワーや風呂における留意点は何でしょうか。

A24

　毎日換水して掃除します。遊離残留塩素濃度0.4mg/L以上の維持を徹底します。

　濃厚接触者や発熱・咳等の症状のある人はシャワーや風呂を控えますが、使用する場合、順番として、健康な人、濃厚接触者、発熱・咳等の症状のある人のように、周囲への感染を及ぼす恐れのある人は、最後にしていただきます。

　手すりなど手がよく触れる箇所は消毒薬でふき取り、湯船や洗い場は洗剤で清掃し、よく流します。

　清掃の際には、掃除用手袋とマスク、眼の保護具、撥水性のあるガウンを着用します。

Q25　汚れたリネン、衣服の洗濯に当たっては、どのように行えば良いですか。

A25

　体液等で汚れた衣服、リネンを取り扱う際は、掃除用手袋、マスク、眼の保護具を着用し、ほかの衣料とは別に分けて、洗うようにします。なお、おう吐物、汚物等がついたものは、0.1％次亜塩素酸ナトリウム液、または遊離塩素濃度100ppm（100mg/L）以上の亜塩素酸水に浸けて下洗いしてから、一般的な家庭用洗剤で洗濯し完全に乾かします。

○十分な換気の実施、スペースの確保等

Q26　換気はどのように行えば良いのでしょうか。

A26

　換気は、気候上可能な限り常時、困難な場合はこまめに（30分に1回以上、数分間程度、窓を全開する）、2方向の窓を同時に開けて行うようにします。窓が一つしかない場合は、ドアを開けます。換気扇がある場合は、換気扇と窓の開閉を併用します。換気の時間はルールを決めて行うことが望ましいです。

　気候、天候や室の配置などにより異なることから、必要に応じて換気方法について保健福祉部局や保健所と相談します。

　換気に関する資料等については、以下をご参照ください。

・「換気の悪い密閉空間」を改善するための換気の方法（リーフレット）

（令和2年4月3日改訂　厚生労働省）

・商業施設等における「換気の悪い密閉空間」を改善するための換気について

（令和2年3月30日　厚生労働省）

・熱中症に留意した「換気の悪い密閉空間」を改善するための換気について

（令和2年6月17日　厚生労働省）

・冬場における「換気の悪い密閉空間」を改善するための換気について

（令和2年11月27日　厚生労働省）

・冬期における避難所の新型コロナウイルス感染症等への対応について

（令和2年12月17日　内閣府・消防庁・厚生労働省）

　なお、室内の空気と外気の入れ替えを行っていないエアコンは、使用時においても換気が必要です。

3．その他

○避難所で対応を行う人材の確保

> Q27　避難所で公衆衛生活動を行う人材も多く必要となりますが、事前にどのように体制を整えておけば良いでしょうか。

A27

　新型コロナウイルス感染症流行下における災害発生時は、都道府県域を越えた保健師等の応援派遣が困難になると予測されることから、避難所等で被災者の健康管理に当たる保健師等の人材を、都道府県内で確保する体制の整備が必要になります。

　そこで、都道府県が中心となって管内市区町村間の保健師の応援派遣の調整や、都道府県看護協会と連携した災害支援ナースの活用等、関係機関との更なる連携の強化に努めていただくようお願いします。

○財政支援等

> Q28　新型コロナウイルス感染症への対応のため、避難所としてホテル・旅館等や民間施設を活用したが、災害救助法が適用されなかった場合にも財政的支援はあるのでしょうか。

A28

　災害救助法が適用されない場合は、ホテル・旅館等や民間施設の借上げ費用のほか、これらの施設への輸送等を含む避難所の設置、維持及び管理に要する費用について、令和2年4月1日以降に実施される事業であれば、「新型コロナウイルス感染症対応地方創生臨時交付金」を活用することが可能です。

> Q29　避難所の感染対策用の物品（マスク、消毒薬、体温計、パーティション等）の備
> 　　　蓄について、国からの支援はあるのでしょうか。また、物品の備蓄以外の避難所に
> 　　　おける感染症への対応についても、国からの支援はあるのでしょうか。

A29

　災害発生前に、避難所における新型コロナウイルス感染症への対応として実施する物品の備蓄に要する費用について、令和2年4月1日以降に実施される事業であれば、「新型コロナウイルス感染症対応地方創生臨時交付金」を活用することが可能です。

　また、避難所における新型コロナウイルス感染症への対応として実施する物品の備蓄以外の事業についても、令和2年4月1日以降に実施される事業であれば、「新型コロナウイルス感染症対応地方創生臨時交付金」を活用することが可能です。例えば、備蓄倉庫の設置、空調設備や換気設備の設置工事、健康維持に資する活動（A19の内容）に関する事業等が考えられます。

　さらに、指定避難所における新型コロナウイルス感染症対策（トイレ、更衣室、授乳室、シャワー、空調、Wi-Fi、バリアフリー化、換気扇、洗面所、男女別の専用室、非接触対応設備、発熱者専用室、避難者のための避難収容室や備蓄倉庫の改造・改築等、固定式間仕切り、感染防止用備蓄倉庫等）に要する経費について、令和3年度より「緊急防災・減災事業債」を活用することが可能です。

> Q30　避難所におけるコロナ対策を実施するにあたって、何が災害救助法に基づく救助
> 　　　費の対象経費となりますか。

A30

　災害救助法が適用された自治体に対しては、避難所の設置のために支出した消耗器材費、建物の使用謝金、器物の借上費または購入費、光熱水費等について、救助費の対象としています。また、食品の供与や飲料水の供給のための費用についても、救助費の対象としています。

> Q31　新型コロナウイルス感染症対策として備蓄した物資・資材と災害対策として備蓄
> 　　　した物資・資材を相互に融通することはできますか。

A31

　相互に融通できます。（新型インフルエンザ等対策特別措置法第11条）

> Q32　国からのプッシュ型支援とは、どのような手続きでどのようなものが支援される
> 　　　のでしょうか。

A32

　大規模災害発生当初は、被災地方公共団体において正確な情報把握に時間を要するこ

と、民間供給能力が低下すること等から、被災地方公共団体のみでは、必要な物資量を迅速に調達することは困難と想定されます。このため、国が被災地方公共団体からの具体的な要請を待たないで、避難所避難者への支援を中心に必要不可欠と見込まれる物資を調達し、被災地に物資を緊急輸送しており、これをプッシュ型支援と呼んでいます。

プッシュ型支援の対象となる食料や毛布等の基本8品目に加えて、感染症予防に必要な物資（マスク、消毒液等）についても、内閣府の「物資調達・輸送調整等支援システム」や現地派遣職員からの報告等により、被災地の状況を把握の上、関係府省と連携して、プッシュ型支援を実施します。

なお、災害発生時には当該システムを用いて国によるプッシュ型支援を実施するとともに、自治体内での迅速かつ適切な物資支援のための共通システムとしても活用が可能であるため、各自治体におかれては、必ず災害時に備えて操作習熟を図っていただきますようお願いします。

また、当該システムは平時から防災備蓄の管理にも活用可能であり、災害時には平時から入力している在庫状況等が支援の参考になりますので、平時から在庫管理に活用いただきますようお願いします。

Q33　その他、避難所におけるコロナ対策を進める上で、資金を集める手立てはありますでしょうか。

A33

様々な資金を集める手立てを検討していただきたいと思いますが、その例として、「新型コロナウイルス感染症対応地方創生臨時交付金」や、地方公共団体が行う地方創生の取組に対して企業が寄附を行った場合に、法人関係税から税額控除する「企業版ふるさと納税」の活用があります。「企業版ふるさと納税」は、地方公共団体において、地域再生計画（避難所において必要となるマスク、消毒液、パーティション等の物資や資材の購入等を進める内容を含む。）を作成し、内閣府の認定を受けた場合に、最大で寄附額の約9割が軽減されることから、財源として積極的に活用することをご検討下さい。

〔参考資料、別紙　省略〕

III. 特別寄稿

1. 都市災害を生き延びる

　近い将来におこるかもしれない大きな災害。それに対して何か準備をしなければ……と思っていらっしゃる方はきっと多いことでしょう。ところがいざ対策を練ろうと思っても、どこから手をつけたらいいかわからない方がほとんどかと思います。そうしているうちに大きな災害に遭ってしまい、大きな後悔をするということだけは避けたいものです。そんな後悔をしないためにも、実際に災害対策を立てる際のガイドラインをご紹介したいと思います。

⑴ 「情報」を「生かす」

　災害対策を立てるにあたり、専門家の方、実際に大きな地震などを体験された方、そんな方々が共有してくださっている情報は、非常に貴重であり、それらの情報を「集める」だけでなく、ぜひとも「運用」し、生かしたいものです。そんなわけでまずは、情報を「整理」することから始めましょう。

① 「情報」を「物語」に変える

　情報の整理には、さまざまな方法があるかと思います。我々がお勧めするのが、たとえば大まかに、災害前→災害がおきたとき→災害がおきた後の時系列順に並べて考えるとい

う方法です。

　それぞれの情報が、どの段階に属するものなのかを振り分けてみましょう。そうするだけで、自分が災害前にしておくべきこと、災害が発生したときにとるべき行動、おきてしまったあとに、どうやってリカバリーするべきなのかという、ある意味一つの「物語」ができあがります。ぶつ切りでつながりのない「情報」よりも、情報が絡み合った「物語」には、「動き」があります。それだからこそ機能するのです。

② 　え？　どっちを信じればいいの？
　「よし、じゃあ情報を整理しよう！」と、たとえばネットで地震対策の情報を集め始めます。そしてある意味一番有名な対策案であるかもしれない、「グラッときたら机の下へ」という情報にたどり着きます。ところがさらに調べていると、「地震が来たときに机の下に隠れては駄目だ！」※という正反対の情報にたどり着いたりします。どちらも専門家の意見です。地震対策に限らず、情報があふれかえっている現代社会では、珍しくないことです。さて、どうしましょう？　そこでネイティブアメリカンのこんな考え方をご紹介します。

　「強さとは『柔軟性』である」
　地震などの災害に限らず、窮地を切り抜けて生き残った人は、現場の状況をしっかりと把握し、その場に合った、自由で柔軟な発想を持つことができた人が多いです。そんなわけで我々もそれにならってみましょう。

　「『机の下』が安全な場合もあれば、危ない場合もある」
　そんなふうに考えて、錯綜する情報に惑わされないようにしましょう。自分の家の場合は？、勤め先にいた場合は？　など、「物語」の主人公の行動が、場所や登場人物によって変わっていくように、状況によって対策が変わっていくのです。自分が主人公の、オリジナルの「物語対策」をつくってみましょう。

　※南米のプロレスキューが唱えた説。建物の倒壊時は、文字どおり柱などが「倒れる」ので、斜めからの力に弱いテーブル等は潰れていた。その代わり生存者は、倒れた柱などが立てかけられたベッド等の「潰れにくい家具」の真横（トライアングルゾーン）で多く見つかったという。

③ 「状況別」の物語をつくる

情報を組み合わせた「物語」をつくっていると、「この情報は地下鉄に乗っていたときのもので、こっちはエレベーターか。物語がつながらないや」となるかもしれません。

そんなわけで「物語」はいくつもつくってあげるのが理想です。たとえば自宅編、勤務先編、通勤途中編などです。自分が普段行動するエリアを整理して、そのエリア別に情報を振り分けていきます。こんな作業をしていくと、地震によって引きおこされる「二次災害」の種類が、場所によって異なるということに気づくことでしょう。

(2) 「災害前」にできること

そして実は、ここまでで述べた「物語」をつくるということが、「災害前」に我々がするべきことです。情報を整理してつくった「物語」自体が、自分の災害対策プランとなり、それが災害がおきた「そのとき」の行動指標となるのです。「情報」は無限にあふれている時代ですので、「まだ調べ足りないかも」と思っても、一度切り上げて、一物語30分を目安につくりましょう。それを骨組みに、毎日の生活のなかで、少しずつ肉付けしていきます。

(3) 「災害がおきたとき」にできること

地震などの「災害」に限らず、犯罪、事故などの「危険」すべてにおいて、一番できることが少ないのがこの「そのとき」です。今まで実際に大きな揺れを体験された方は、そのときのことを思い出してみましょう。揺れが収まるまで、呆然とそのまま立ち尽くした（しゃがみ込んでいた）という方も多いのではないかと思います。

災害発生時に、「どうすれば!? 何をすればいい!?」という気持ちが、パニックや、呆然と立ち尽くしてしまうという行動（カウンターパニック）を生みます。それを防ぐ有効な方法は、先に述べた「物語」を整理しておくことです。何をすればよいのか、その「物語」を頭のなかに持っておけば、災害がおきたときに、「心の行き場」が生まれます。たとえその「物語」が機能しなかったとしても、パニックを軽減することにつながり、冷静な行動をとれるかもしれません。それだけでも命を守れることだってあるでしょう。

「動けない」を味方につける

物語—災害対策プランを上手に立てていても、災害がおきた「そのとき」に動けなく

なってしまうことは多々あるでしょう。

　「何かしなきゃ！」と焦っても、一度動かなくなった身体は、なかなか手ごわいものです。そんなときには「動けない」を味方につけてしまいましょう。

　止まっているときというのは、実は一番五感が働くときでもあります。「変な音がする」とか「何か匂わない？」なんて言葉をかけられると、ほとんどの人が身体の動きを止めます。野生動物も、危険を察知すると立ち止まり、五感をフルに働かせて、その異変の「正体」を探ろうとします。もしかすると「動け

ない」は、防衛本能なのかもしれません。そんなわけで、動けないときにはそれを味方につけ、よく見て、聞いて、嗅いで、状況を観察する時間にしてしまいましょう。自分に迫っている「危険」を具体的に察知できて、次にとるべき行動が見えてくるかもしれません。

(4)　「災害後」にできること

　さて、「物語」と「動けないを味方につける」で、なんとか状況を切り抜けたとします。そして災害後、多くの場合、何らかの「孤立」状態になります。一人になってしまうという意味ばかりではなく、ライフラインからの寸断という意味での「孤立」でもあります。

①　そもそも「ライフライン」とは？

　このよく聞く「ライフライン」という言葉ですが、具体的には一体何を指すのでしょう？　まずはそれを整理しておかなければ「備え」ができません。我々が最低限「生きる」ために必要なものは空気、体温、水、火（光と熱）、食の5要素です。そして優先順位も上記のとおりとなります。

　空気と体温がしっかりと確保できていれば、とりあえず3日間は生きていくことができます。この3日間─72時間というのが、人間が水を一切飲まずに過ごせる、平均的なタイムリミットです。大きな災害の後、救出のタイムリミットが72時間といわれる主な理由でもあります。成人で1日1.5リットルから2リットルが必要といわれますが、72時間分の水を確保していれば、生存可能時間は大きく延びます。

　人間は「飢え」に強く、3週間から30日間、食べなくても生きていけるといわれています。火（光と熱）なしでどれだけ生きていけるのかを断言するのはむずかしいですが、光は行動範囲、行動時間を大きく延ばしてくれます。熱は調理や殺菌、体温の確保にもつな

がります。そしてこの光と熱は、我々に、「気持ちのエネルギー」をたくさん与えてくれます。暗い夜に火があること、寒いときに温かい飲み物や食料を得られることなどは、ホッとする時間を与えてくれる大事な要素です。

　ですので、災害後の「孤立」に対する備蓄、または「非常用持ち出し袋」の中身を考えるにあたり、この5要素、空気、体温、水、火、食は、最低限しっかりとおさえておきましょう。これらは命を守るためのものです。そこにたとえば、けがをしてしまったときのファーストエイドキット、あるとかなり快適になる簡易式のトイレ、自分を衛生的に保つためのもの（状況によっては不衛生が「感染症」などをもたらし、危険な状況に陥る場合もあります）を足していきます。まずは「命を守るもの」、それから「あると快適に過ごせるもの」を優先順位として備えておきましょう。

②　家庭内の備蓄の一例

　上記を参考に、たとえばどんなものを備蓄しておけばよいかを考えてみましょう。ここでは先に述べた「あると快適に過ごせるもの」は省略しますが、大切な要素ですので、必ず備えておきましょう。

- 空気—煙が充満したときに役立つマスクや防煙フード（透明な袋状のフードで、そこに空気を入れてかぶれば、屋外に避難する際に最低限の酸素が確保できます）
- 体温—まずは、外的熱源を利用して「暖をとる」ことよりも、体温を放出させない装備を確保します。お布団や防寒着などがあれば大丈夫です。
- 水—1人2リットルを1日分として、3日分以上は用意しておきましょう。
- 火—卓上コンロ、懐中電灯など、「光と熱」をキーワードに準備しましょう。災害後はいろいろな要素が「火災」を引きおこしやすくなるので、火の取り扱いには十分注意しましょう。
- 食—72時間をベースに考えるのであれば、なくても大丈夫！　「食料がない！」なんて心配するのはご無用です。ですが1日3回食事をとる我々現代人は、よく孤立時に「サバイバル頭痛」や「サバイバル鬱」と呼ばれる体調不良に陥ります。これはストレスやショックなどによるものといわれていますが、そんなときこそおいしいものを食べて元気を補充したいものです。そんなわけで、やっぱり準備しておきましょう。市販の緊急用食料や缶詰などの日持ちがよいものはもちろんですが、まずは冷蔵庫内

の傷んでしまいそうなもの等を優先的に消費します。卓上コンロがあるので調理が可能です。

どうですか？　すでにご自宅にあるものがほとんどではないでしょうか。多くの場合、72時間以内には、給水車や食料の配給などの公的援助が入ってくるはずですので、とにかく焦らず、「エネルギーの保持」を第一に考えましょう。トランプやオセロなどのゲーム類も活躍するかもしれません。明るく安心して過ごすことが気持ちの余裕を生み、安全を生みます。

③　非常用持ち出し袋の一例

非常用持ち出し袋は、家庭やオフィスの備蓄と違い、持ち出さなければならないため、コンパクトで軽くなくてはならないという「制限」が生まれます。ここでは超簡易型の一例をご紹介します。

- 空気—防じんマスク（がれきなどから舞う粉じんが健康を損ねる場合があります）
- 体温—エマージェンシーブランケット
- 水—保存水などを持てるだけ
- 火（光と熱）—フラッシュライト、キャンプ用の携帯用コンロなど
- 食—カンパンなどの保存の利く、軽量の食料

寒い冬などにはちょっと頼りない一例ですが、5要素をカバーしていますし、かなりコンパクトにまとまるという利点があります。さらに簡易型トイレなどを足して、エレベーター内（コンロの使用はおそらく危険でしょう）などに置いておけるでしょうし、マップや防寒衣、雨具、スニーカー等を加えれば、徒歩で帰宅する際のバックパックにカスタマイズできます。

5要素は、ある意味「法則」です。自由な発想と個人の好みで、オリジナルの備蓄庫や非常用持ち出し袋を準備しましょう。

一般社団法人危機管理リーダー教育協会について

今回ご紹介させていただいたものは、ほんの一例にすぎません。もしものときに備える災害対策プランの詳細な立て方、孤立時に、自分や大切な人の命を守る術などを詳しく学ぶことができます。詳細は、https://cmle.jpをご参照ください。

（野外活動家、サバイバル・インストラクター　川口　拓）

２．災害時のトイレの大切さを伝え、備えにつなぐ取り組み

状況に応じた安全・快適なトイレ環境をつくることが重要です。

　災害時の備えといえば、水・食料などがあげられます。その一方で、命や尊厳にかかわるにもかかわらず、話題にあがりにくく、なかなか対策が進まないのが「トイレ」です。そこで、本稿では、特定非営利活動法人日本トイレ研究所が取り組んだ３つの事例をとおして、災害時のトイレの問題点を紹介すると同時に、トイレ対策を進めるうえでの要点をお伝えします。

(1)　トイレを手づくりした防災キャンプ

　2011年９月３日〜４日、山形県米沢市の北部コミュニティセンターが主催する１泊２日の防災キャンプ2011に、当研究所は災害時のトイレ・排せつプログラムの企画・運営者としてかかわりました。

　ここでの目的は、災害時に水洗トイレが使えなくなること、そのとき、身近なもので何とかする方法があることを伝えることでした。そこで、子ども16人（１年生〜６年生）と保護者４人で、ダンボールトイレをつくり、それを使いながら一晩を過ごしてみるプログラムを実施しました。ダンボールトイレをつくる作業をとおして、トイレは、座り心地や大きさ、安定感などが大切であることに気づいてもらうこともねらいとしました。

①　参加者でつくるダンボールトイレ

　みかん箱の大きさのダンボール箱を２つ用意すれば、ダンボールトイレを作成することができます。ダンボールトイレで排せつする際は、ビニール袋のなかに新聞紙を敷きつめた緊急用トイレを別途作成し、一人ひとりが使用する際にダンボールトイレにセットし、使用後はビニール袋をしばって、ゴミ箱に保管することにしました。

ダンボールトイレの作成

※詳細は、以下のサイトを参考にしてください。

　　ダンボールトイレのつくりかた：https://www.toilet.or.jp/dtinet/311/dtoilet.htm
　　災害用トイレガイド：https://www.toilet.or.jp/toilet-guide/

②　ダンボールトイレの実践的使用

　通常であればダンボールトイレをつくるところまでで終えるのですが、前述のとおり、

完成したダンボールトイレ　　　　水洗トイレブースに設置したダンボールトイレ

ここでは、ダンボールトイレの完成後、水洗トイレの使用を禁止して、このダンボールトイレを実際に使用することにしました。大人たちが驚いたのは、子どもが進んでダンボールトイレを使用したことです。それぞれのダンボールトイレには子どもたちによって名前が付けられており、イラストも描かれています。もし一方的に与えられた災害用トイレだとしたら、拒否感があったかもしれません。しかし、みんなで楽しみながら協力してトイレをつくることで、ダンボールトイレに愛着が生まれ、その後の使用マナーの向上にもつながることになったのだと思います。

③　災害用トイレ訓練の重要性

　トイレは、ただあればよいというものではなく、使用者一人ひとりが安心できる環境を整えることが必要です。トイレが不快であったり、不安であったりすると、私たちはトイレに行く回数を減らすために水や食事の摂取を控えてしまい、体調を崩し、死にいたることさえあります。災害用トイレを実際に使用してみることで、災害時のトイレ対策として何が課題なのか、何が不足しているのかが明確になります。また、災害用トイレを体験したことがある場合とそうでない場合では、いざというときの心理的負荷が異なります。そういった意味で、防災訓練を実施する際には、トイレの訓練も必ず実施していただきたいと思います。

(2)　災害時のトイレアクションづくり

　2014年11月10日（いい、トイレの日）には釜石市で災害時トイレワークショップを行いました。本ワークショップの目的は、釜石市民から東日本大震災時におけるトイレ体験談を聞き、話し合って、備えとして伝えたいこと、行動につなげてほしいことを「釜石トイレアクション」としてまとめることでした。

　声を聞き、話し合いを進めるほどに、災害時のトイレは命にかかわる深刻な問題であることが浮き彫りになりました。ここでの成果として作成した「釜石トイレアクション」を以下に示します。「釜石トイレアクション」の内容は、「健康」「水」「トイレ」「連携」の4つのテーマに分類して整理してあります。それぞれの分類のなかに、伝えたいメッセー

ジを大見出しとして示し、その次に補足説明し、参加者の声を「　」のなかに記述しました。

　私たちは「釜石トイレアクション」から教訓を学び取り、個人、家族、組織、地域などで、トイレの備えをしっかりと進めていくことが必要です。

釜石トイレアクション

〈健康〉

●トイレで命を落としてはいけない！

トイレは命にかかわる問題。災害時でも、きちんと食べて出すことを心がけましょう。

「トイレに行きたくないので、やむを得ず食事を制限した」

「トイレに行かなかったら、ご飯を食べることができなくなってしまった。その後、嘔吐の症状を訴える人がどんどん出てきた」

「３日間トイレを我慢したら真っ黒な小便が出て死ぬかと思った」

「避難所でエコノミー症候群らしき症状の人がいた」

「地震や津波から助かった命を、トイレを我慢して死なないでほしい」

●トイレを清潔にしよう！

トイレはすぐに汚れてしまいます。臭いや感染症の問題が出ないように、みんなで掃除をしましょう。

「滑りにくく水に濡れても大丈夫で、高齢者にも履きやすいトイレ用のスリッパを設置する」

「トイレ掃除は、当番制にしてよかった」

〈水〉

●水を使い分けよう！

水はとても大切です。無駄にしないように、用途に応じて上手に使い分けましょう。

「飲む・体を洗う・清掃するなど、何事にも水が大切だったので、再利用を考え、キレイ度ランクを付け、トイレでは汚い水で流した」

「屋上タンクに貯まっている水のおかげで断水しても水が出たが、特に制限をしなかったのですぐに使い切ってしまった」

「水が無くなるたびに川まで水を汲みに行かなければならなかった」

「トイレの前に水槽を置いておくことで、まとまったトイレ洗浄水を確保できた」

〈トイレ〉

●洋式トイレは高齢者・障がい者に必須！

洋式化、段差解消、手すりの設置が必要です。介助も考えたトイレ空間にしましょう。

「車イスを利用する人は、和式便器の上に簡易な洋式便器を置いて用を足した」

「建設現場等で使用する仮設トイレは、段差があるので高齢者は大変だった」

「和式トイレを使えない、使いたくない人が多かったため、洋式トイレに集中した」

「障がい者や高齢者のトイレ対策は、それぞれの状況によってトイレを変えなくてはならない」

「手すりが無いのでトイレまではっていく人もいた。避難所をバリアフリーにする必要がある」

●みんなが安心できるトイレが欲しい！

トイレに不安を感じる人はたくさんいます。明かりやプライバシー、防犯などに配慮しましょう。

「避難所では夜中にトイレに行くとみんなを起こしてしまい迷惑がかかると思い、なかなか行けなかった」

「夜はトイレが暗いために行きたがらなかった」

「トイレは男女別にしたい」

「簡易トイレが個室に入らないため、個室の外側に仕切りを設置し、トイレを置いて使用していた」

「簡易トイレは、プライバシーを保護するために設置場所や仕切りを準備することが必要」

●トイレ用品を備えておこう！

普段使っているトイレが使えなくなることを考え、必要なものを用意しておきましょう。

「災害用トイレがあっても、ペーパーや生理用品・下着が不足して困った」

「水の確保を含めて、トイレ関連製品の確保の重要性が大事だと思った」

「オムツは子ども用だけでなく大人用も必要」

「ゴム手袋やトイレ掃除道具が必要」

●身近なもので工夫しよう！

身近なものを活用することで、トイレ問題に対処できることがあります。経験者の知恵を学びましょう。

「トイレに置いてあった握り手付きの大容量ペットボトルが掃除や排せつ物を流すのに役立った」

「水洗トイレが使えないときは、使用済みトイレットペーパーや大小便を袋に入れた。その際、なかが見えない黒いビニール袋が役立った」

〈連携〉

●普段からのあいさつ、避難所での朝礼が大切！

地域でのつながりが、とても役立ちます。普段からつながりをつくるようにしましょう。

「災害時に毎日、『朝礼』をやったお陰で避難所内の融和とコミュニケーションが図れた」

「地域コミュニティをつくるための普段からのあいさつが大切だと思った」

●トイレ案内人になろう！

ちょっとした心づかいや手助けで、助かる人がたくさんいます。積極的にトイレ案内人になりましょう。

「視覚障がいがあるので、トイレまで誘導してもらえるとありがたい。バケツで水を流したり、使用済ペーパーを分別することはむずかしい。トイレを我慢しすぎて嘔吐し、病院に運ばれた」

「障がい者が自分のことをお願いできたり、相談を聞いてもらえたりできる人が必要」

「トイレに行くときは、声を掛け合おう」

●被災地支援のためのネットワークが大切！

地方公共団体や民間団体など、さまざまな組織が平常時から連携し、いざというときに備えましょう。

「被災地支援をしていて、それぞれの地域に応じて支援できることがわかった。そのためにも、平常時からのネットワークづくりが大切だということを皆が認識し、準備する必要がある」

（3） 災害時の学校トイレ運用方法の作成

　文部科学省・学校施設の防災力強化プロジェクト（平成25〜26年度）の一環として、釜石市立白山小学校におけるトイレ運用方法を学校職員や地域住民（世話人）、市役所等の意向をふまえて作成しました。本運用方法は、地震などの大規模災害が発生し、小学校が避難所になった際、発災直後のトイレ運営（初期対応）を円滑に行うことを目的としています。また、水洗トイレが使用できなくなった際の対策として、既存の建物のトイレを有

トイレの初期対応の流れ
「災害時の学校トイレ運用方法（釜石市防災力強化トイレプロジェクト協議会）」

第1段階	発災直後はすべての水洗トイレをいったん使用禁止にする

第2段階	優先順位を決めてトイレの安全確認*1 を行う

*1 安全確認の内容	○／×	メモ
① 天井材の破損（天井仕上げボードの剥落、ひび割れ、落下等）		
② 照明器具の変形等の異常		
③ 窓ガラス及び周辺の割れやガタつき		
④ 壁面（モルタルやタイル等）の剥落、欠損、ひび割れ、浮き等		
⑤ パーテションの変形やガタつき		
⑥ 給排水管やタンク、便器・便座等に破損等の異常		
⑦ トイレ間仕切り、パイプスペースに欠損、ひび割れ等		
⑧ その他		

危険性がない **危険性がある**

携帯トイレを設置する	別の場所にトイレ空間を確保し、テントと簡易便座、携帯トイレ等を設置する

必要な情報をとりまとめ、教育委員会等へ支援を依頼する

第3段階	設備（排水・水・電気）状況*2 を確認する

	A（すべて使用可）	B（断水または停電）			C（排水不可）			
排水	○	○			×			
水	○	○	×	×	○	○	×	×
電気	○	×	○	×	○	×	○	×
対応	水洗トイレの使用禁止を解除し、通常通り使用する	プールや散水栓、周辺の水を確保し水洗トイレを使用する			災害用トイレを使用する			

*2 排水は「汚水ますとマンホールなど」、水は「散水栓と高置水槽など」、電気は「配電盤と構内第1柱など」の被災状況を確認する。

第4段階	必要な情報をとりまとめ、教育委員会等へ支援を依頼する

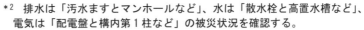

効活用すること、現在、備蓄している災害用トイレで対応することを前提としています。

　トイレの初期対応の流れは前ページの図のとおりです。断水していることに気づかずに水洗トイレを使用してしまうと、排せつ物を流すことができず、便器内はあっという間に排せつ物で一杯になります。そこで、本運用方法では、発災直後はすべての水洗トイレをいったん使用禁止（第1段階）にし、優先的に使用するトイレ内の安全確認（第2段階）をしたうえで、そのトイレに携帯トイレを設置することにしました。その後、校舎における設備（排水・水・電気）の被災状況を確認（第3段階）し、校舎全体のトイレの使用方法を選択（A・B・C）することにしています。

⑷　「防災トイレ計画」の必要性

　公民館や学校、企業、商業施設、病院等においては、災害時のトイレの備えを徹底し、いざというときのトイレ対応方法を作成することが必要だと考えています。当研究所は、各組織で作成すべき計画として「防災トイレ計画（D-TOP：Disaster Toilet Plan）」を提案しています。「防災トイレ計画」は、平常時の備蓄から被災状況に応じた発災後のトイレ対応まで、自主的に策定する災害時トイレ衛生対策のことを指します。被災者の生命・健康を守り、要配慮者対応や時間経過に伴う環境の改善にも配慮して、計画を立案することが必要です。また、「防災トイレ計画」は、地域防災計画や地区防災計画、業務継続計画などの計画と整合をとることが求められます。参考までに、防災トイレ計画に盛り込むべき要素（案）を以下に示します。

「防災トイレ計画」の要素（案）

⑴　責任と役割分担の明確化
⑵　建物のライフラインの確認（電気、給排水設備、し尿処理等）
⑶　トイレ利用者（要配慮者等）の想定と配慮
⑷　災害用トイレの選定および必要数の算定
⑸　災害用トイレの備蓄、調達、保管、回収、廃棄の流れ
⑹　使用と維持管理
（時系列に応じたトイレ対策／既設トイレの使用可否判断と情報伝達／災害時のトイレ使用方法、清掃方法、臭気対策／手洗いと衛生方法）
⑺　災害時に備えたトイレ訓練の実施

（NPO法人日本トイレ研究所　代表理事　加藤　篤）

公民館災害対策調査研究グループ

荒　木　潤一郎　　内閣府企画官（災害予防担当）

加　藤　雅　晴　　川村学園女子大学教授

河　田　惠　昭　　京都大学防災研究所長

重　川　希志依　　富士常葉大学環境防災学部教授

杉　山　　　孝　　静岡県教育委員会社会教育課長

細　川　顕　司　　公益財団法人市民防災研究所事務局長兼調査研究部長

清　野　　　裕　　伊達市教育委員会社会教育課長

宮　澤　春　子　　十日町市中央公民館職員

捧　　　政　秋　　三条市嵐南公民館職員

望　月　奉　文　　淡路市教育委員会社会教育課参事

池　田　虎之助　　前愛媛県公民館連合会会長／前新居浜市垣生公民館長

河　東　俊　瑞　　福岡市舞鶴公民館長

山　崎　　　明　　福岡市市民局公民館支援課公民館係長

野　田　増　雄　　宮崎市教育委員会生涯学習課係長

※本書作成にあたっては、以上の方々にご協力いただきました。

※役職等は当時のものです。

※なお、新訂版（前回版2017年発行）制作にあたっては、柴山明寛氏（東北大学災害科学国際研究所准教授）、池上三喜子氏（公益財団法人市民防災研究所理事）にもご協力をいただきました。

サービス・インフォメーション

━━━━━━━━━━━ 通話無料 ━━━━━━━

① 商品に関するご照会・お申込みのご依頼
　　　　　TEL 0120 (203) 694／FAX 0120 (302) 640
② ご住所・ご名義等各種変更のご連絡
　　　　　TEL 0120 (203) 696／FAX 0120 (202) 974
③ 請求・お支払いに関するご照会・ご要望
　　　　　TEL 0120 (203) 695／FAX 0120 (202) 973

● フリーダイヤル（TEL）の受付時間は、土・日・祝日を除く
　9:00〜17:30です。
● FAXは24時間受け付けておりますので、あわせてご利用ください。

公民館における災害対策ハンドブック　第3版

2017年6月20日　　新訂版第1刷発行
2023年1月5日　　第3版第1刷発行

編　著　　公益社団法人全国公民館連合会

発行者　　田 中 英 弥

発行所　　第一法規株式会社
　　　　　〒107-8560　東京都港区南青山 2-11-17
　　　　　ホームページ　https://www.daiichihoki.co.jp/

公民館災害ハン 3　ISBN 978-4-474-09133-7　C2036 (0)